河北省教育科学"十四五"规划课题"幼儿园学习型区域活动系
游戏创新实践与研究"（编号：2205115）成果

幼儿园生活区系列
游戏活动课程

李鹤 王琳◎主编

燕山大学出版社
·秦皇岛·

图书在版编目（CIP）数据

幼儿园生活区系列游戏活动课程 / 李鹤，王琳主编. 秦皇岛：燕山大学出版社，2025. 3. — ISBN 978-7-5761-0801-9

Ⅰ. G613.7

中国国家版本馆 CIP 数据核字第 20257GF165 号

幼儿园生活区系列游戏活动课程
YOUERYUAN SHENGHUO QU XILIE YOUXI HUODONG KECHENG

李　鹤　王　琳 主编

出版人：陈　玉				
责任编辑：孙志强		策划编辑：孙志强		
责任印制：吴　波		封面设计：刘韦希		
出版发行：燕山大学出版社		电　　话：0335-8387555		
地　　址：河北省秦皇岛市河北大街西段 438 号		邮政编码：066004		
印　　刷：涿州市殷润文化传播有限公司		经　　销：全国新华书店		
开　　本：710 mm×1000 mm　1/16		印　　张：17.75		
版　　次：2025 年 3 月第 1 版		印　　次：2025 年 3 月第 1 次印刷		
书　　号：ISBN 978-7-5761-0801-9		字　　数：230 千字		
定　　价：89.00 元				

版权所有　侵权必究

如发生印刷、装订质量问题，读者可与出版社联系调换

联系电话：0335-8387718

— 编委会 —

主　编　李　鹤　王　琳
副主编　王宏杰　孙　瑶　贾欣悦　鲍巧灵
编　委（按姓氏笔画排序）
　　　　　马　瑞　牛品惠　张雅莉　陈　萱
　　　　　陈美希　贾英华　高欣蕊　蔡晨静
　　　　　谭丽娟

前言

在幼儿教育这片广袤无垠的天地里，游戏活动宛如一颗熠熠生辉的璀璨明珠，散发着独特而迷人的魅力。它是开启幼儿智慧之门的神奇钥匙，是滋养幼儿心灵的甘甜雨露，更是助力幼儿茁壮成长的肥沃土壤。而本书，则像一位智慧的引路人，深入挖掘了生活区系列游戏活动中蕴含的无尽价值。

当今之世，幼儿成长于一个机遇与挑战交织的特殊时代。在这个信息爆炸、科技飞速发展的大环境下，孩子们的好奇心和探索欲如同破土而出的雨后春笋，蓬勃而发。他们渴望丰富多彩的体验，迫切需要满足对世界的求知渴望。

本书是河北省教育科学"十四五"规划课题"幼儿园学习型区域活动系列游戏创新实践与研究"的研究成果。幼儿园生活区系列游戏独具匠心，它通过精心模拟生活场景，为幼儿搭建起一座从理论认知迈向实践操作的桥梁。在这个充满趣味的游戏世界里，幼儿能够亲身参与、动手实践，如同勤劳的小蜜蜂在生活能力的花园中采集花蜜，逐步培养起自身的生活技能。

本书将生活区系列游戏活动科学地划分为四个类别，即精细动作、生活自理、物品整理、工具使用，宛如一幅精心绘制的教育画卷，徐徐展开在读者眼前。精细动作涵盖舀、夹、捏、倒、串等 18 个技能，每一个技能都是幼儿发展小肌肉群、提升手眼协调能力的重要阶梯；生活自理则从幼儿生活起居的细微之处出发，无论是穿脱衣物、进食，

还是卫生习惯的养成、简单家务的参与，都有与之相匹配的游戏设计，仿佛是为幼儿量身定制的生活成长秘籍；物品整理细分为物品收纳和整理生活场所两部分，犹如为幼儿开启了秩序与条理的大门，让他们在整理中学会规划和珍惜；工具使用把儿童常见的生活工具巧妙地分为劳动工具和生活工具两大类，引导幼儿正确认识和使用工具，就像赋予他们探索世界的神奇魔法棒。

值得一提的是，每个游戏都犹如一个装满宝藏的小宝盒，里面包含了贴近生活的游戏名称、清晰明确的游戏目标、丰富多样的游戏材料、妙趣横生的游戏玩法以及细致入微的游戏指导。对于幼儿园教师而言，本书无疑是一座蕴藏着无尽智慧的教育宝库，它能为教师们提供丰富多彩的游戏活动方案和深入浅出的教学指导，宛如一盏明灯，照亮教师在生活区教育活动中的前行之路，助力他们更好地引领幼儿探索生活的奥秘。对于家长来说，本书又是一本温馨的亲子指南，可作为家庭亲子游戏的优质参考，让家长在与孩子共同游戏的欢乐时光中，于家庭这个温馨的港湾里培养幼儿的生活能力，增进亲子之间如涓涓细流般深厚的情感，为幼儿的全面发展奠定坚实的基础。

我们衷心希望，本书能够成为幼儿教育领域那高悬于天际的启明星，在浩瀚的教育星空中闪耀出独特的光芒，为幼儿的成长之路照亮前行的方向。它不仅能为读者带来一些有益的启示和宝贵的参考，更能如春风化雨般，让更多人深刻认识到游戏活动在教育中不可替代的重要作用。同时，我们也殷切期待，通过本书的广泛推广，能够促使生活区系列游戏活动如燎原之火，在幼儿教育的广袤大地上蓬勃开展，为孩子们的成长和未来铸就一座坚不可摧的基石。愿本书激发更多的教育创新灵感，让生活区系列游戏活动在幼儿教育的舞台上绽放出更加绚烂的光彩，奏响幼儿全面发展的华丽乐章。

让我们齐心协力，为孩子们编织一个充满欢乐与成长的五彩童年，让他们在爱的阳光下，如同茁壮成长的幼苗，向着天空努力伸展，绽放出属于自己的独特光芒。

目录

第一部分　上学期

第一章　精细动作

小班

一、舀舀乐……………………………………………… 3

二、捡鸡蛋……………………………………………… 4

三、小动物饿了………………………………………… 5

四、我会剥果皮………………………………………… 7

五、串串乐……………………………………………… 8

六、捣蛋皮……………………………………………… 9

七、衣服大变样………………………………………… 10

八、撕包菜……………………………………………… 11

九、"拯救"海洋球 …………………………………… 13

中班

一、舀米做饭…………………………………………… 15

二、七彩水饺…………………………………………… 16

三、我会倒茶…………………………………………… 17

四、剥蛋小能手………………………………………… 19

五、串肉串儿 ·· 20

六、我是捣蒜小能手 ·· 21

七、缝制运动服 ·· 22

八、撕快递 ·· 23

九、捞"小鱼" ·· 25

大班

一、我帮小鱼换水 ·· 27

二、蚂蚁搬豆豆 ·· 28

三、倒油游戏 ·· 29

四、我会剥坚果 ·· 31

五、蔬菜排成排 ·· 32

六、捣坚果 ·· 33

七、定制手帕 ·· 35

八、快递打包员 ·· 36

九、捞米饭 ·· 38

第二章 生活自理

小班

一、我会穿鞋子 ·· 40

二、我会擦屁股 ·· 41

三、系围巾 ·· 42

四、小手剪指甲 ·· 43

五、洁衣初体验 ·· 45

六、我会晾衣物 ·· 46

七、一起学刷牙 ·· 48

中班

一、我的小鞋子……………………………… 50
二、便后我会做……………………………… 51
三、巧系蝴蝶结……………………………… 52
四、我会剪指甲……………………………… 54
五、洗刷衣鞋乐……………………………… 55
六、晾晒有技巧……………………………… 57
七、牙齿保卫战……………………………… 59

大班

一、穿鞋我能行……………………………… 61
二、便后做得好……………………………… 62
三、小小打结师……………………………… 63
四、指甲修理师……………………………… 65
五、除污小妙招……………………………… 66
六、晾晒衣物………………………………… 68
七、清理牙缝………………………………… 69

第三章 物品整理

小班

一、衣服我会叠……………………………… 72
二、鞋子配对………………………………… 73
三、我的小屋………………………………… 75
四、整洁的小床铺…………………………… 76
五、配饰排排乐……………………………… 77
六、食物分类………………………………… 78

中班

一、叠衣小能手……………………………………80
二、鞋子装盒……………………………………81
三、整洁的小屋…………………………………82
四、被子卷一卷…………………………………84
五、折叠我在行…………………………………85
六、食物收纳……………………………………86

大班

一、藏起小袖子…………………………………88
二、四季鞋子大分类……………………………89
三、房间规划师…………………………………90
四、叠被小能手…………………………………91
五、搭配整理我都爱……………………………93
六、整理冰箱……………………………………94

第四章 工具使用

小班

一、多样的饭团…………………………………96
二、我会修指甲…………………………………97
三、我会用勺子…………………………………99
四、香蕉派对……………………………………100
五、筛一筛………………………………………102
六、防风夹的妙用………………………………103
七、煎个鸡蛋吧…………………………………105
八、锯木建巢……………………………………106

九、卫生小卫士…………………………………… 108
　　十、我来削一削…………………………………… 109

中班

　　一、各式的月饼…………………………………… 111
　　二、小小打磨家…………………………………… 112
　　三、我会用漏勺…………………………………… 113
　　四、好喝的柠檬水………………………………… 115
　　五、玉米脱粒器…………………………………… 116
　　六、发夹的魔法…………………………………… 118
　　七、有魔法的砂锅………………………………… 119
　　八、小木匠………………………………………… 121
　　九、拖地小能手…………………………………… 122
　　十、果皮削削乐…………………………………… 124

大班

　　一、寿司卷卷乐…………………………………… 126
　　二、打磨我能行…………………………………… 127
　　三、我能盛好饭…………………………………… 128
　　四、苹果乐园……………………………………… 130
　　五、有趣的簸箕…………………………………… 131
　　六、晾晒小达人…………………………………… 132
　　七、炒锅的奥秘…………………………………… 134
　　八、给妈妈的礼物………………………………… 135
　　九、拖地大作战…………………………………… 137
　　十、我会削水果…………………………………… 138

第二部分　下学期

第一章　精细动作

小班

一、甜品自助吧 ···································· 143

二、绕线我能行 ···································· 145

三、巧手来打结 ···································· 146

四、快乐拧一拧 ···································· 147

五、我来挤牛奶 ···································· 148

六、糖葫芦插一插 ·································· 149

中班

一、美味的火锅 ···································· 152

二、蔬菜分拣员 ···································· 153

三、打结小能手 ···································· 154

四、开锁小达人 ···································· 155

五、沥水小帮手 ···································· 157

六、创意插花 ······································ 158

大班

一、围炉煮茶吧 ···································· 160

二、打水小能手 ···································· 161

三、学系红领巾 ···································· 163

四、我会"建"房子 ································ 164

五、做个小蛋糕 ···································· 165

六、我来插秧 ······································ 167

第二章　生活自理

小班

一、我会穿衣服 …………………………………… 169

二、我的小袜子 …………………………………… 171

三、洗脸的本领 …………………………………… 172

四、细嚼慢咽 ……………………………………… 174

五、帮娃娃梳头 …………………………………… 175

中班

一、开衫我会穿 …………………………………… 177

二、穿袜小妙招 …………………………………… 178

三、我爱讲卫生 …………………………………… 180

四、筷子超人 ……………………………………… 181

五、小小美发师 …………………………………… 183

大班

一、百变扣子 ……………………………………… 185

二、袜子包秋裤 …………………………………… 186

三、洗浴能手 ……………………………………… 188

四、小小分餐员 …………………………………… 189

五、妈妈的新发型 ………………………………… 190

第三章　物品整理

小班

一、各不相同的食物 ……………………………… 193

二、小小理货员 …………………………………… 194

三、帽子叠叠乐 …………………………………………… 196

四、叠衣服 ………………………………………………… 197

五、我会挂裤子 …………………………………………… 199

六、图书排排队 …………………………………………… 200

中班

一、我会收食物 …………………………………………… 202

二、玩具收纳师 …………………………………………… 203

三、听话的丝巾 …………………………………………… 204

四、收纳衣物小专家 ……………………………………… 205

五、我会叠袜子 …………………………………………… 207

六、图书比一比 …………………………………………… 208

大班

一、我会储存食物 ………………………………………… 211

二、最佳收纳法 …………………………………………… 212

三、配饰回家 ……………………………………………… 213

四、整理衣服包 …………………………………………… 215

五、挂衣有方法 …………………………………………… 217

六、整理小书柜 …………………………………………… 218

第四章 工具使用

小班

一、我来搓一搓 …………………………………………… 220

二、小小甜品师 …………………………………………… 221

三、小小电钻工 …………………………………………… 222

四、我来泡壶茶 ·················· 224

五、小木夹大作用 ················ 225

六、趣味剥蒜乐 ·················· 227

七、进修小工匠 ·················· 228

八、打圈小能手 ·················· 229

九、木锤敲敲乐 ·················· 230

十、锉来锉去 ···················· 232

十一、妈妈的小帮厨 ·············· 233

中班

一、搓洗有方法 ·················· 235

二、用刀小行家 ·················· 236

三、电钻小玩家 ·················· 237

四、带着水壶去郊游 ·············· 239

五、美食分餐员 ·················· 240

六、欢乐剥蒜趣 ·················· 242

七、安装小卫士 ·················· 243

八、小小修理工 ·················· 245

九、锤击坚果乐 ·················· 246

十、小匠锉形记 ·················· 247

十一、小小面点师 ················ 249

大班

一、搓衣小专家 ·················· 251

二、配菜小能手 ·················· 252

三、拼装小天才 ·················· 253

四、养生饮品我会做 ·············· 255

五、小松鼠的核桃……………………………………257

六、神奇剥蒜记………………………………………258

七、拆装我最棒………………………………………259

八、小小工程师………………………………………261

九、起钉小能手………………………………………262

十、巧手小木匠………………………………………263

十一、蛋清打发师……………………………………265

第一部分 上学期

第一章 精细动作

小班

一、舀舀乐

◎ **游戏目标**：通过面粉配比游戏，练习舀的动作。

◎ **游戏准备**：汤勺1把；装有白面、黄米面的盘子各1个；盆子1个；面粉配比任务单若干，任务单上分别印有2~5个勺子，勺内分别装有白面、黄米面。

◎ **游戏玩法**：

1. 自主拿取一张面粉配比任务单。

2. 依据任务单，用汤勺舀取与任务单上相应勺数的面粉。（舀的动作：一手握住勺子柄部，手臂带动手腕向内侧转动舀起食物。）

3. 舀取时手臂与手腕保持平稳将勺子提起，手臂平稳而缓慢地将勺子移动到空盆位置，将面粉倒进空盆里。按任务单要求舀取相应数量颜色的面粉，直至完成面粉配比。

4. 完成任务后，将物品整理好放回原位。

◎ **游戏指导：**

1. 操作前要对幼儿进行使用物品安全教育，提醒幼儿不要将勺子对准自己或他人，保障幼儿在游戏中的安全。

2. 提供材料时，可根据实际情况提供绿豆粉、紫薯粉等。

3. 舀面粉时，注意提醒幼儿舀的动作，观察手臂与手腕动作是否协调，及时予以指导。

4. 提醒幼儿移动勺子时手臂尽量保持平稳，勺子对准盆口，面粉在中途尽量不撒落。

5. 配比后的面粉不要浪费，送至厨房备用。

二、捡鸡蛋

◎ **游戏目标：** 玩捡鸡蛋游戏，练习五指捏的动作。

◎ **游戏准备：** 装有若干鸡蛋的篮子 1 个；鸡蛋托盘 1 组；装有 1～5 数字卡片的盒子 1 个。

◎ 游戏玩法：

1. 自主拿取一张数字卡片，辨认卡片上的数字。

2. 按照卡片上的数字要求，用五指捏的方法拿取鸡蛋。（五指捏的动作要领：一只手五指张开手心向下，五根手指同时向中间收拢，用手指肚紧紧贴合物品并施加压力将其捏紧。）将鸡蛋捏起后，缓慢平移到鸡蛋托盘上方，轻轻将鸡蛋放进托盘中，手指慢慢张开把鸡蛋放平稳。

3. 按卡片上的数量要求完成相应任务后，可用点数的方式查验。查验完成后可选择下一张数字卡片继续游戏。

4. 游戏结束后，将所有物品放回原位。

◎ 游戏指导：

1. 操作前，提醒幼儿轻拿轻放，以防鸡蛋破碎。

2. 幼儿操作时，观察幼儿捏的动作，及时予以指导。

3. 幼儿按任务单捡鸡蛋时，可用五指捏的方式随时调整鸡蛋位置，使鸡蛋的大头始终朝上放入鸡蛋托盘。

三、小动物饿了

◎ 游戏目标：帮小动物将米倒入米桶中，练习倒的动作。

◎ 游戏准备：米桶2个；桶上分别贴着小鸡和小米、小老鼠和大米的图片；装有大米和小米的透明塑料瓶子各3瓶。

◎ 游戏玩法：

1. 自主选择一个米桶，打开米桶盖子。

2. 根据米桶上米的图片，选择装有对应米的瓶子。

3. 一手拿住瓶身，一手拧开瓶盖并将瓶盖放在桌子上。

4. 一手握紧瓶身，将瓶口对准米桶口，抬高手臂，瓶底缓慢向上，使米慢慢倒入米桶中。

5. 瓶中的米全部倒入米桶后，盖好米桶盖子。

6. 将所有物品整理好放回原位。

◎ 游戏指导：

1. 操作前要对幼儿进行安全教育，提示幼儿不要将米放进嘴里。

2. 有些瓶盖不易拧开，可根据幼儿操作情况适当予以帮助。

3. 提示幼儿将瓶中的米全部倒入米桶中之后再将米桶盖盖好。

4. 小班幼儿手部控制能力较弱，倒米时容易将米撒落到米桶外面，

应提供宽口径米桶。

四、我会剥果皮

◎ **游戏目标**：练习剥橘子、香蕉等较大且软的水果，发展手部精细动作。

◎ **游戏准备**：橘子、香蕉等水果若干；迷你垃圾桶1个；盘子若干。

◎ **游戏玩法**：

1. 拿取一个盘子和迷你垃圾桶放于桌面。

2. 自主选择一个水果，开始剥皮，并将剥落的皮放进迷你垃圾桶中。（剥橘子方法：一手拿住橘子，一手剥开橘子底部的一小部分皮，形成一个小口，从这个口开始，慢慢将橘子皮向下剥，直至全部剥干净。剥香蕉皮方法：一手将香蕉柄朝上握住香蕉，一手将香蕉柄掰开，捏住掰开的香蕉柄将皮向下剥，直至果皮完全剥光。）

3. 把剥好的果肉放到盘中。

4. 游戏结束后，清理迷你垃圾桶中的果皮，并将游戏材料放回原位。

◎ 游戏指导：

1. 在游戏操作前，提示幼儿使用七步洗手法清洗双手。

2. 橘子皮具有一定的厚度，在幼儿剥开底部一小部分皮遇到困难时，予以适当的帮助。

3. 剥皮时要提示幼儿注意力度，不要用力过大，将果肉剥坏。

五、串串乐

◎ 游戏目标：通过串绳游戏，将绳子穿入孔中，锻炼手眼协调能力。

◎ 游戏准备：尾端打好结且两端系在一起能戴到娃娃脖子上的串线绳若干；中间带孔的雪花片若干；娃娃3个。

◎ 游戏玩法：

1. 自主选择一根打好结的绳子并将雪花片材料盒放在面前。

2. 左手拿起雪花片，右手捏住绳子未打结的一端。将绳子对准雪花片中间的孔洞穿进去，重复此操作，完成后，将串好雪花片的绳子两端系在一起形成一个圆形项链。

3. 拿起穿好的项链，挂在娃娃的脖子上。

4. 游戏结束后，将材料收纳整齐放回原位。

◎ 游戏指导：

1. 打结和将绳子两端系在一起的动作对于小班幼儿具有一定难度，可根据幼儿操作情况适当予以帮助。

2. 游戏后期可提供 ABAB 或 AABB 等规律串雪花片的任务单。

六、捣蛋皮

◎ 游戏目标：为花做养料，将鸡蛋皮捣碎给花施肥，练习捣的动作。

◎ 游戏准备：清洗干净的鸡蛋皮若干；小铲子、带土花盆、木杵、杵臼各1个。

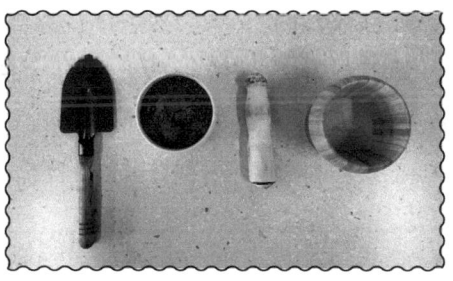

◎ 游戏玩法：

1. 将杵臼放稳，取出适量鸡蛋皮，放于杵臼中。

2. 一手扶住杵臼，手臂向下用力将杵臼固定，另一手握紧木杵。

3. 握住木杵的手臂上下摆动，反复用力击打杵臼中的蛋皮，将鸡蛋皮打至粉末状。

4. 将木杵放好，双手拿起杵臼，倾倒在带土花盆中，使用小铲子上下翻动，将土与蛋皮粉末混合。

5. 游戏结束后，将材料收拾整齐并放回原处。

◎ **游戏指导：**

1. 提供清洗干净的鸡蛋皮，确保内部无黏液，避免使用时黏液变质。蛋壳清洗后暴晒晾干使用最佳。

2. 鸡蛋皮投放于杵臼三分之一即可，避免幼儿用力时将蛋皮溢出杵臼。

3. 游戏初期提示幼儿使用木杵不必过于用力，将花盆中的土与蛋皮粉末混合时也要轻轻翻动，不要将土翻出。

4. 游戏后期，可提醒幼儿将杵臼、木杵清洗干净进行晾晒。

七、衣服大变样

◎ **游戏目标：** 练习使用疏缝法沿箭头从头至尾缝图形。

◎ **游戏准备：** 用纸板自制的各种衣服，衣服上有用孔洞连成的正方形、长方形、圆形等不同形状，孔洞间有箭头表示方向；剪刀、大号塑料缝合针、长短适中尾端打好结的各色毛线等。

◎ **游戏玩法：**

1. 自主选择一块用纸板自制的衣服。

2. 取出大号塑料缝合针和打好结的毛线。一手持针，一手拿线，将未打结的一端穿入孔中。

3. 一手持针（持针方法：大拇指和食指捏住针杆，其余手指自然弯曲，使针尖朝向底板），一手拿底板，选择起点将针穿入底板孔

洞中使用疏缝法进行缝制。（疏缝法：从正面穿入，将线拉直；在背面相邻孔洞中穿出，依次上下反复操作。）

4.缝制完成后，将多余的线剪断。缝制好的衣服放入展示区，将工具、材料收纳整齐。

◎ **游戏指导：**

1.操作前要对幼儿进行安全用针教育，在游戏初期可提供护目镜保障幼儿游戏安全。

2.打结动作对于小班幼儿具有一定难度，可根据幼儿操作情况适当予以帮助。游戏初期可提供尾端打好结的毛线。

3.注意观察幼儿握针姿势是否正确，及时予以指导。

4.在提供带孔纸壳底板时，可在底板上标注箭头，提示幼儿缝制方向或起点。

5.幼儿缝制过程中，拿针的手要上下反复操作，注意线不要缠绕在底板上。

八、撕包菜

◎ **游戏目标：** 帮助食堂阿姨撕包菜，发展手指的灵活性，锻炼手部力量。

◎ **游戏准备：** 包菜1颗；菜盆1个；案板1块。

◎ **游戏玩法：**

1. 取出包菜、菜盆、案板放于桌面。

2. 双手拿起包菜放于案板上，观察包菜层次，找到最外层包菜。

3. 一手手掌张开按住包菜，另一手大拇指和食指捏住最外一层包菜叶根部，向下用力将包菜叶撕下。重复上述操作，将撕下的包菜叶平铺在案板上。

4. 菜盆放于面前，取出一片包菜叶，两只手分别握住包菜叶两端一只手向内用力，一只手向外用力，撕开包菜叶。将一片包菜叶撕成若干大小适中的小块。撕下的小块直接放入盆中。

5. 反复进行上述操作，直至游戏结束。游戏结束后，将撕好的包菜送至娃娃厨房，将材料收拾整齐并放回原处。

◎ **游戏指导：**

1. 将小块包菜叶放于盆内后，可继续分拣大块包菜，将其撕成小块。

2. 适时提示幼儿按纹理撕包菜叶的方法最轻松省力，撕过的包菜叶大小均匀最佳。

3. 包菜叶的中间大叶脉不易炒熟，可根据情况分拣出来。

九、"拯救"海洋球

◎ **游戏目标**：用手将水里的海洋球捞出，练习捞的动作。

◎ **游戏准备**：装有水和若干海洋球的水盆、小桶各1个。

◎ **游戏玩法**：

1. 将装有水和若干海洋球的水盆、小桶放于桌面。

2. 选择水中的一个海洋球，一只手的五个手指张开，指尖朝下从海洋球的一侧竖直伸入水中，手指指根伸到所选的海洋球下方。食指、中指、无名指、小拇指四指向内弯曲，成勺状，使海洋球在掌心位置，托住海洋球将其从水中捞出。

3. 把捞出的海洋球放在小桶里。

4. 重复操作，直至捞出所有的海洋球。

5. 游戏结束后，将操作材料收拾整齐并放回原处。

◎ **游戏指导：**

1. 操作前提醒幼儿不要把水盆中的水弄洒到水盆外面。如果幼儿穿的是长袖上衣，要适时提醒幼儿将袖子卷起来。

2. 注意观察幼儿捞取海洋球时的动作是否正确，及时予以指导。

3. 提醒幼儿一个一个地捞取海洋球，不可同时捞取两个。

4. 单手捞取海洋球对于小班幼儿有一定难度，可根据幼儿操作情况予以帮助，游戏初期幼儿可使用双手捞取海洋球。

中班

一、舀米做饭

◎ **游戏目标**：玩舀米做饭游戏，练习舀的动作。

◎ **游戏准备**：装有大米、小米、黑米、八宝米的碗各1个；量杯、电饭煲内胆各1个；米饭配比任务单若干，任务单上印有2种不同的米及杯数。

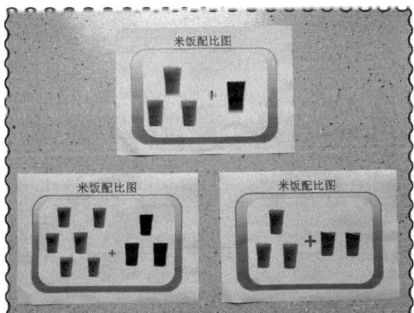

◎ **游戏玩法**：

1. 自主选取一张米饭配比任务单。

2. 按任务单要求用量杯舀出相应数量及对应的米。（舀的动作：大拇指在上压住量杯口，四指并拢托住量杯底，盛米时手腕带动手掌大拇指朝下，手臂带动手腕向内侧转动。）

3. 舀起时将手臂微弯曲转动手腕，缓慢将量杯口转至杯口朝上，手臂与手腕保持平稳提起量杯将米倒进电饭煲内胆里，直至配比完成。

4. 完成任务后，将装有配比好米的

电饭煲内胆送至厨房进行加工，物品整理干净并放回原位。

◎ **游戏指导：**

1. 操作前要对幼儿进行安全教育，不要将米粒或豆粒塞入鼻孔或耳朵，保障幼儿在游戏中的安全。

2. 提供材料时，可根据实际情况选择米和豆子的种类。

3. 舀米时，注意提醒幼儿舀的动作，观察手臂与手腕动作是否协调，手腕是否及时转动将量杯口朝上，并及时予以指导。

4. 提醒幼儿按任务盛米时，将多余部分用手刮掉，保障配比正确，量杯对准锅口，手臂保持平稳中途不撒落。

二、七彩水饺

◎ **游戏目标：** 玩包饺子游戏，练习三指捏的动作。

◎ **游戏准备：** 各色超轻黏土、盘子若干；包饺子步骤图1张；印有不同颜色、数量的饺子任务单若干。

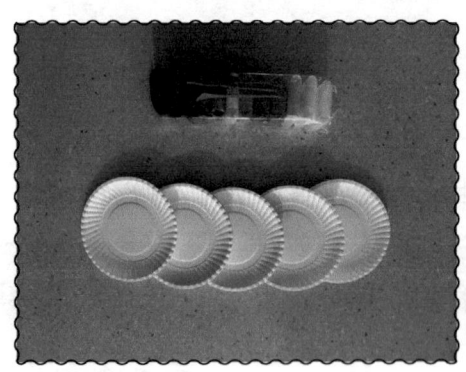

◎ **游戏玩法：**

1. 自主选择一张任务单，按任务单颜色与数量要求，选择相应颜色的黏土。

2. 将黏土团成大球、小球各一个，大球压扁做"饺子皮"，小球做饺子"馅"。一手托住"饺子皮"，将"馅"放入"饺子皮"中，将"饺

子皮"对折，边缘对齐，从一端开始用三指捏的方法将饺子包上。（三指捏的动作要领：一只手手心向下握拳，将拇指、食指、中指微微张开，拇指先轻轻接触物品，随后食指和中指并拢弯曲，向拇指靠拢，手指肚紧紧贴合物品并适当施加压力形成捏合。）将"饺子"包好后轻轻放进盘中，手指慢慢张开，将饺子褶朝上放置。

3. 按颜色及数量要求完成相应任务后，可选择下一任务单继续游戏。

4. 游戏结束后，将制作好的七彩"水饺"放到展示区，材料收拾整齐并放回原位。

◎ 游戏指导：

1. 在提供任务单时，可根据幼儿实际情况调整任务单难易程度。

2. 操作前提醒幼儿根据"饺子馅"的大小调整"饺子皮"的大小，包饺子时从一端开始捏。

3. 操作时观察幼儿三指捏的动作，及时予以指导。

4. 幼儿放"饺子"进盘中时可引导用三指捏的方法轻轻放入盘中，注意捏的力度，以免"饺子皮"破裂。

三、我会倒茶

◎ **游戏目标**：为客人倒茶，将茶水倒入茶杯中，发展倒的动作，锻炼手腕的灵活性。

◎ **游戏准备**：茶杯若干；装有茶水的茶壶1个；小客人图卡若干，图卡上印有不同客人饮用茶水杯数。

◎ 游戏玩法：

1. 自主选择一张小客人图卡。

2. 根据图卡，取出相应数量的杯子和已经装好茶水的茶壶。

3. 右手握住茶壶的把手，左手的中指和无名指抵住壶盖，将壶嘴对准茶杯，抬高手臂，壶底缓慢向上，使茶水匀速倒进茶杯中。

4. 将倒好的茶水平稳地端给小客人，完成任务后，可再次选择图卡继续游戏。

5. 游戏结束后，清洗茶具，并将游戏材料放回原位。

◎ 游戏指导：

1. 操作前要对幼儿进行安全教育，提示幼儿不要饮用游戏中的茶水。

2. 操作过程中，提示幼儿将壶嘴放低对准杯口且匀速将茶水倒入茶杯中，防止茶水洒落。

3.在端茶过程中,提示幼儿用双手稳稳地握住茶杯,避免倾斜或晃动导致茶水溢出。

四、剥蛋小能手

◎ **游戏目标**：练习剥蛋皮,发展手部的精细动作。

◎ **游戏准备**：煮熟的鸡蛋若干；鸡蛋盛放盘若干；迷你垃圾桶1个；沙漏1个；剥蛋数量记录单1张；小贴纸若干。

◎ **游戏玩法**：

1.拿取鸡蛋盛放盘、迷你垃圾桶、沙漏和一颗煮熟的鸡蛋放于桌面。

2.翻转沙漏,手拿鸡蛋在干净的桌面上横磕一下,蛋皮破碎后将鸡蛋放置在桌面上,掌心放在鸡蛋上,按压并使其在桌面上来回滚动,直至蛋皮完全破碎。一手拿住鸡蛋,一手剥下破碎的蛋皮,将剥下来的蛋皮放到迷你垃圾桶中,直至将蛋皮完全剥光后,把剥好的鸡蛋放到盘中。

3.观察是否在沙漏计时内剥完鸡蛋,若在沙漏计时内完成,取出一张小贴纸,贴在记录单上。

4.游戏结束后,将材料整理好并放回原位。

◎ **游戏指导：**

1. 在游戏操作前，提示幼儿使用七步洗手法清洗双手。

2. 滚动鸡蛋时，提示幼儿要力度适中，不要将鸡蛋压扁。

3. 在剥鸡蛋过程中，注意观察幼儿是否将蛋壳膜剥下，予以适当的提醒。

4. 在粘贴剥蛋数量记录单时，指导幼儿将贴纸贴于自己学号的对应位置。

五、串肉串儿

◎ **游戏目标：** 尝试将肉串起来，练习串的动作。

◎ **游戏准备：** 儿童签子若干；自制仿真肉块若干；托盘1个；串肉串儿串数任务单若干。

◎ **游戏玩法：**

1. 自主选择一张串肉串儿串数任务单。

2. 依据任务单，取出相应数量的自制仿真肉块和儿童签子。

3. 用儿童签子将肉块串成串儿。（串串儿的手部动作：右手握住签子较宽的一端，左手轻轻拿起一块自制仿真肉块中间位置对准签子尖头部分，双手向儿童签子中间用力，使自制仿真肉块慢慢串进签子中，重复上述动作，直到串完任务单上要求的串儿数。）

4. 将串好的肉串儿放到托盘里，待"烧烤师傅"加工。任务完成后，可再次选择任务单继续游戏。

5. 游戏结束，将材料收拾好并放回原位。

◎ **游戏指导：**

1. 操作前要对幼儿进行使用签子的安全教育，提示幼儿不要将签子较尖的部分对准自己和他人。

2. 在串肉串儿过程中，注意观察幼儿是否将肉块的中间位置对准签子，随时调整签子的方向，以免扎到手。

六、我是捣蒜小能手

◎ **游戏目标：** 使用石杵捣蒜，锻炼手眼协调能力和手部力量。

◎ **游戏准备：** 杵臼、石杵、小勺、盘子各1个；去皮的蒜若干。

◎ **游戏玩法：**

1. 将杵臼放稳，取出适量去皮的蒜，放于杵臼中。

2. 一手扶住杵臼，手臂向下用力固定杵臼，另一手握紧石杵。

3. 握住石杵的手对准杵臼里的蒜上下摆动，反复用力，将蒜打成蒜泥。

4. 拿出石杵放于平面，大拇指与食指捏住勺柄，用勺头将蒜泥舀出放入准备好的盘子内。

5. 游戏结束后，将材料收拾整齐并放回原处。

◎ 游戏指导：

1. 游戏初期为幼儿提供去皮的蒜便于幼儿操作，后期可为幼儿提供带皮的蒜让幼儿自行剥蒜操作。

2. 蒜投放于杵臼三分之一即可，避免幼儿用力时将蒜溢出杵臼。蒜具有一定刺激性，要时刻关注并提醒幼儿不要用捣蒜的手揉眼睛，游戏结束后及时洗手。

3. 石杵具有一定重量，手掌握稳石杵以免掉落砸伤。游戏初期提示幼儿使用石杵不必过于用力，避免蒜因击打过力而溢出杵臼。

七、缝制运动服

◎ 游戏目标：练习用锁边法缝制运动服。

◎ 游戏准备：用无纺布剪出的不同款式运动服若干，运动服边缘画出相应针孔标记；中号塑料缝合针；长短不一的各色毛线；剪刀。

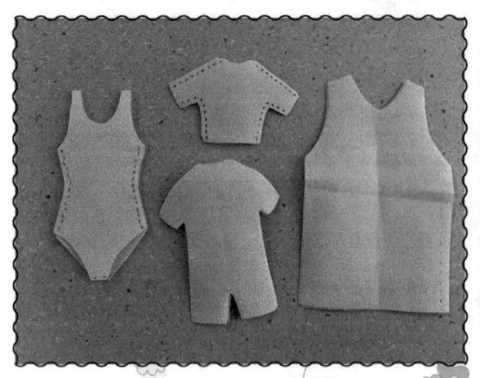

◎ 游戏玩法：

1. 自主选择两片相同款式的运动服材料重叠放好。

2. 取出缝合针和毛线。一手持针，一手拿线，将线穿入针孔中。

3. 拉住线尾绕食指一圈，另一只手捏住交叉处，将线尾穿入线圈中，慢慢拉紧打结。

4. 一手持针，一手捏紧双层无纺布。选择起点将针穿入无纺布孔洞中使用螺旋锁边法缝制运动服。（螺旋锁边法：把针线从正面穿到反面，把线绕到面料正面。再从相邻孔洞把针线从正面穿过，依次反复操作。）

5. 缝制完成后，将线绕一圈，针从线圈下穿出打结，多余的线剪断，将缝制好的运动服放入展示区，将工具、材料收纳整齐。

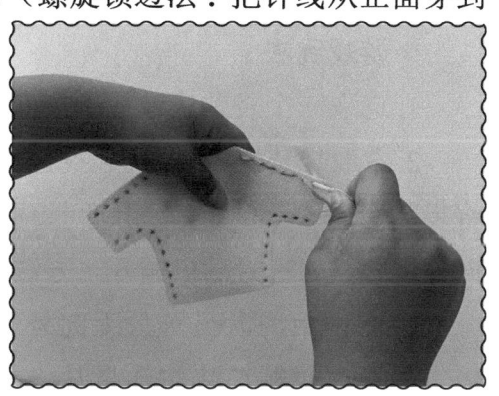

◎ 游戏指导：

1. 适时提醒幼儿要将两片相同款式的运动服材料完全重叠。

2. 打结动作具有一定难度，可根据幼儿操作情况适当予以帮助。

3. 注意观察幼儿握针姿势是否正确，提醒幼儿握针不要过于用力，以免造成手部疲劳。

4. 缝制时针尽量垂直于布料表面，线松紧要均匀，避免缝线过松或过紧。

八、撕快递

◎ 游戏目标：将快递的包装撕开，发展手的力量和灵活性。

◎ 游戏准备：袋装快递若干；垃圾桶1个。

◎ 游戏玩法：

1. 选取一个袋装快递放于桌面。

2. 拿取袋装快递，观察寻找密封贴口。将袋装快递撕开。（方法一：将袋装快递放于桌面，一只手按住快递，另一只手握住密封贴口边缘向外用力，将密封贴口撕开。方法二：两只手沿着快递边缘拿起快递，一只手向内用力，另一只手向外用力，沿密封贴口将快递袋从上至下撕开。）

3. 取出快递放在对应位置，将包装放于垃圾桶内。

4. 游戏结束，将没拆完的快递袋收拾整齐放回原处。

◎ 游戏指导：

1. 提供易于撕拉的袋装快递，确保无细菌无病毒，可先消毒晾晒再投入使用。快递内装的物品可就地取材，选取幼儿熟悉的物品，便于幼儿取出后的摆放。

2. 沿密封贴口撕开快递方式为最佳，密封口不明显的袋装快递，可将快递向一侧倾倒留出边缘位置，进行撕拉。

3. 在撕拉袋装快递时，注意力度与袋内快递位置，确保快递内

物品无损坏，不掉落。

九、捞"小鱼"

◎ **游戏目标**：用捞鱼网将水中的塑料小鱼捞出，锻炼手眼协调性和手部肌肉力量。

◎ **游戏准备**：装有水和若干塑料小鱼的充气水池1个；小桶、小型捞鱼网各1个。

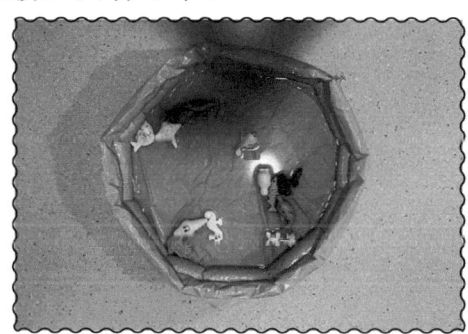

◎ **游戏玩法**：

1. 将装有水和若干塑料小鱼的充气水池、小桶等材料放于桌面。

2. 选中水中的一条塑料小鱼，一只手拿着捞鱼网手柄末端位置，将网圈对准小鱼的前方或侧方，将捞鱼网插入水中，倾斜着从鱼的下方或侧面抄起，将塑料小鱼捞出水面。

3. 把网兜中的鱼轻轻地倒入准备好的小桶里。

4. 重复操作，直至捞出所有的小鱼。

5. 游戏结束后，将操作材料放回原处摆放整齐。

◎ **游戏指导**：

1. 注意观察幼儿使用捞鱼网捞鱼时的动作是否正确，及时予以指导。

2.捞到小鱼后,稳定地提起网抄,避免塑料小鱼掉落。

3.游戏后期可为幼儿提供具有一定重量的小鱼,使小鱼沉在水中,增加打捞难度。

大班

一、我帮小鱼换水

◎ **游戏目标**：帮小鱼换水，练习舀运液体。

◎ **游戏准备**：装有小鱼的鱼缸、带有水位线的鱼缸、装有水的桶各1个；小型捞鱼网1个；水舀1把；给小鱼换水步骤图1张。

◎ **游戏玩法**：

1. 领取步骤图，仔细观看换水步骤，将两个鱼缸放于桌面。

2. 拿起水舀进行舀水。（舀的动作：手心朝下放在手柄尾部，虎口位置朝向水舀方向，大拇指放在手柄一侧，其余四指放在另一侧，用手掌和手指紧密握住水舀柄部，缓慢向下压住水舀，手臂带动手腕向内侧转动舀起水。）

3. 手臂与手腕保持平稳轻轻地提起水舀，将水缓慢地运至带有水位线的鱼缸，直至将水倒至鱼缸水位线。

4. 拿起捞鱼网将小鱼捞进刚刚装好水的鱼缸。

5. 完成换水任务后，将原来装有废水的鱼缸清理干净，所有物品放回原位。

◎ **游戏指导：**

1. 操作前要对幼儿进行用水教育，不要将水洒落到衣服或地面。

2. 提供材料时，可根据实际情况提供适合孩子的水舀。

3. 舀水时，注意提醒幼儿舀的动作，观察手臂与手腕动作是否协调，并及时予以指导。

4. 舀水时水量不宜过多，可重复进行舀水活动。

5. 向下压水舀时不要过于用力，防止桶内水溅出。

6. 移动水舀时，一手握住手柄，另一只手可根据情况进行辅助，手臂尽量保持平稳，水舀对准鱼缸口，水在中途不洒落。

7. 提醒幼儿在舀水完成后，视线与水位线齐平，检查水是否到水位线。

二、蚂蚁搬豆豆

◎ **游戏目标：** 玩蚂蚁搬豆游戏，练习两指捏的动作。

◎ **游戏准备：** 装有不同颜色豆子的碗1个；与豆子相同颜色的"洞穴"各1个；豆子进"洞穴"任务单若干，印有不同颜色、数量对应不同颜色"洞穴"。

◎ 游戏玩法：

1. 自主选择一张任务单。

2. 仔细观看任务单，根据任务单要求，用两指捏的方法将碗中豆子搬入与其相同颜色的"洞穴"中。（两指捏的动作要领：一只手手心向下握拳，拇指与食指微张，拇指肚与食指肚相对，捏取物品时拇指为支撑先轻触物品，随后食指跟进辅助用力，合作对物品施加压力。）捏取豆子后，拇指和食指要紧紧捏住豆子确保不会掉落。

3. 完成任务单中的任务后，可选择下一任务单继续游戏。

4. 游戏结束后，所有物品放回原位。

◎ 游戏指导：

1. 操作前对幼儿进行安全教育，不要将豆子放入鼻孔或耳朵，当心豆子意外撒落，保障幼儿在游戏中的安全。

2. 提供材料时，可根据幼儿情况适当调整任务单难易度与豆子种类的多少。

3. 幼儿操作时观察幼儿两指捏的动作，及时予以指导。

4. 提醒幼儿搬豆时要将所搬豆子放入"洞穴"，切勿放置在桌面及其他地方。

三、倒油游戏

◎ **游戏目标**：将油借助漏斗精准地倒入油桶里，发展手腕的灵活性。

◎ **游戏准备**：漏斗1个；小口径透明塑料桶1个；装有油且瓶身

带有不同颜色标识的油瓶若干；倒油任务单，任务单上印有不同颜色与数量的油瓶。

◎ 游戏玩法：

1. 自主选择一张任务单。

2. 依据任务单，选择相应数量且颜色对应的油瓶。

3. 借助漏斗将油瓶中的油依次倒入油桶中。（借助漏斗倒油的动作：一手扶住油桶，一手拧开油桶瓶盖，拧开后将瓶盖放在桌面上并将漏斗尖尖的部分插入油桶中。拿起油瓶，拧开瓶盖并将瓶盖放在桌面，一手扶住油桶，一手握住油瓶，将瓶口对准漏斗口处，抬高手臂，瓶底缓慢向上，使油自然通过漏斗倒入油桶中。）

4. 完成任务后，可再次选取任务单进行游戏。

5. 游戏结束后，拧好油桶盖，若油桶倒满，可将油桶送往食堂，其余材料放回原位。

◎ **游戏指导：**

1. 在操作过程中，若瓶盖较紧，可予以帮助。

2. 在倒完一瓶油时，提示幼儿将空油瓶瓶盖拧好，再对下一瓶油进行操作。

3. 在倒油时，提示幼儿不要着急，保持手臂平稳，尽量不要将油洒落到油桶外面。

4. 游戏结束后，提示幼儿可将溢出的油擦拭干净。

四、我会剥坚果

◎ **游戏目标：** 练习剥瓜子、花生等坚果，锻炼手指的力量。

◎ **游戏准备：** 花生、瓜子等坚果若干；迷你垃圾桶1个；盘子若干；印有不同数量的瓜子、花生、松鼠的图卡若干。

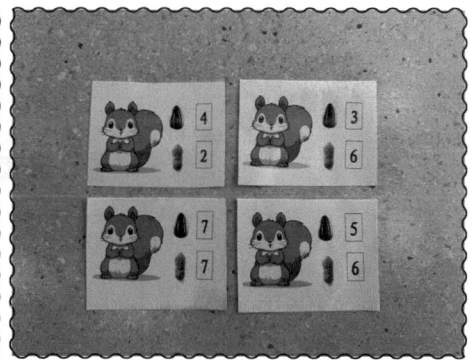

◎ **游戏玩法：**

1. 拿取盘子、迷你垃圾桶放于桌面。

2. 自主选取一张松鼠图卡，依据松鼠图卡，在坚果盒中取出相应数量的坚果放于桌面。

3. 依次拿起桌面坚果，双手协作进行剥壳。将剥下的壳放进迷你垃圾桶，剥好的果仁放到盘子中。（瓜子剥壳方法：将瓜子较尖的一头朝上放于两手的拇指和食指之间，轻轻挤压，使壳裂开，沿着裂缝将瓜子壳剥开，取出瓜子仁。剥花生方法：将花生小头朝上放于指间，拇指在上，其余四指在下捏住花生两端，用力挤压使花生壳裂开，沿着裂缝将花生壳剥开，取出花生仁。）

4. 完成松鼠图卡任务后，可再次选取松鼠图卡进行游戏。

5. 游戏结束后，清理迷你垃圾桶中的果壳皮并把材料放回原位。

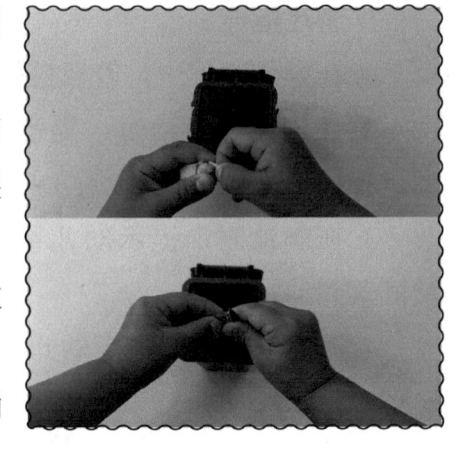

◎ 游戏指导：

1. 在游戏操作前，提示幼儿使用七步洗手法清洗双手。

2. 在拿取相应数量坚果时，对有困难的幼儿予以指导。

3. 将瓜子壳捏开对于大班幼儿来说有一定的难度，提示幼儿可借助牙齿或工具。

五、蔬菜排成排

◎ **游戏目标**：将韭菜串起来，练习手部精细动作。

◎ **游戏准备**：清洗干净的韭菜若干；儿童签子若干；托盘1个；串蔬菜任务单若干，任务单上印有不同串数的韭菜。

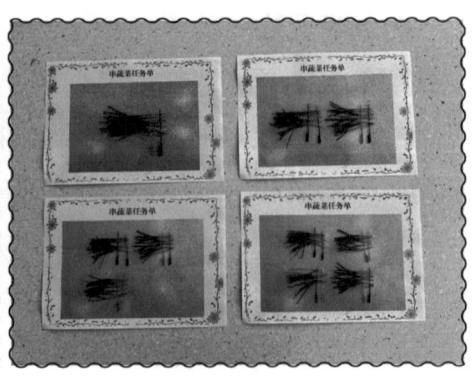

◎ **游戏玩法：**

1. 自主选择一张串蔬菜的任务单。

2. 依据任务单，取出相应数量的韭菜和儿童签子。

3. 用儿童签子将韭菜横向串成蔬菜串儿。（串成韭菜串儿的手部动作：右手握住签子较宽的一端，左手拇指和食指轻轻捏住一根韭菜距离根部一拇指的位置且韭菜叶朝下，将签子尖头对准两根手指偏上的位置，向签子较宽的一端用力，将韭菜串进签子中，重复上述动作，在串好的下端再串一根签子固定住韭菜。）

4. 将串好的蔬菜串儿放到托盘里，待"烧烤师傅"加工。任务完成后，可再次选择任务单继续游戏。

5. 游戏结束，将材料放回原位。

◎ **游戏指导：**

1. 在游戏前，提示幼儿使用七步洗手法将双手清洗干净。

2. 操作前要对幼儿进行使用签子的安全教育，提示幼儿不要将签子较尖的部分对准自己和他人。

3. 在串蔬菜串儿过程中，注意观察幼儿是否将签头与手指保持一定距离，及时给予提醒，以免扎到手。

六、捣坚果

◎ **游戏目标：** 用粗木棒将坚果捣碎，锻炼手部肌肉的控制。

◎ **游戏准备：** 粗木棒、案板各1个；装有去皮坚果的盘子1个。

◎ 游戏玩法：

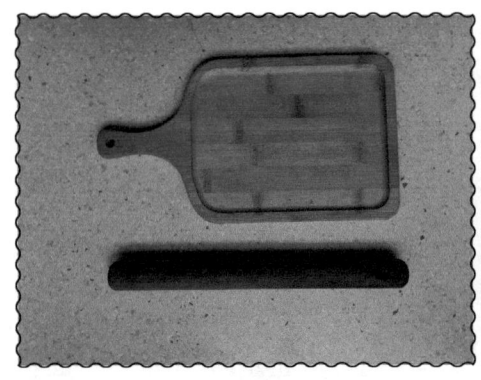

1. 将案板平稳放于平面，取出坚果，放于案板上。

2. 坚果平铺在案板中心位置，取出粗木棒横放于坚果上。

3. 双手自然打开，手掌放于粗木棒上，手臂向下用力前后推动粗木棒，使粗木棒在坚果上反复前后滚动，将大颗粒坚果碾成小颗粒。

4. 拿起粗木棒放于案板边缘，将碾成小颗粒的坚果向中间聚拢。再次手握粗木棒上方，竖直拿起粗木棒，握住粗木棒的手带动手臂向下用力，反复击打坚果小颗粒，将坚果捣碎后归拢在一起，拿起案板慢慢倒入盘子内。

5. 游戏结束后，将材料放回原处并收拾整齐。

◎ 游戏指导：

1. 游戏初期幼儿投放坚果可少量多次进行，防止坚果过硬不易操作。在碾压坚果时，可为幼儿提供棉纱布包住坚果操作。

2. 提醒幼儿坚果放于底板中间位置最佳，减少坚果撒落，也可用手做围挡的动作。

3. 提示幼儿使用粗木棒不必过于用力，避免坚果因击打过力四处飞溅。

七、定制手帕

◎ **游戏目标**：练习使用刺绣针、绣绷等十字绣工具，运用平缝法或回针法为手帕缝制简单花纹。

◎ **游戏准备**：不同大小的绣绷，画有心形、圆形、三角形等简单图案的布料若干；印有心形、圆形、三角形等不同图形的手帕订单若干；装有钝头刺绣针的针线包1包；剪刀1把。

◎ **游戏玩法**：

1. 自主选择一张订单，根据订单拿取带有相应图案的布料和与其大小适宜的绣绷。

2. 将布料平铺在绣绷内圈上，然后将绣绷外圈卡进内圈卡槽，拧紧螺丝，固定好布料。

3. 取出缝合针和毛线。一手持针，一手拿线，将线穿入针孔中。在线尾处拉住线打结。

4. 一手拿起铺好布的绣绷，沿着图案的轮廓用回针法或平缝法进行缝制。(回针法：从布料的背面起针，将针从正面穿出。然后把针从相隔一小段距离的正面穿到背面。在背面相隔一个针脚的位置穿到正面后，从上次正面穿出的位置穿回背面。在相隔两个针脚的位置穿到正面，再从上次正面穿出的位置穿到反面，一进一出地反复，直至缝制完成。)

5. 缝制完成后，将线的尾部打结，多余的线剪断。

6. 将缝制好的手帕从绣绷上取下，放入展示区，待客人来取。

7. 放完后，可再次选择一张订单进行游戏。

8. 游戏结束后，将其余材料收纳整齐放回原处。

◎ 游戏指导：

1. 在绣绷上缝制对于大班部分幼儿来说有一定的难度，可根据情况，给予适当的帮助。

2. 使用回针法进行缝制时，需多加观察幼儿方法是否正确，及时予以指导。

3. 提示幼儿拿针的手上下反复操作，注意线不要缠绕在一起。

八、快递打包员

◎ 游戏目标：用胶带将快递盒粘好，练习撕的动作。

◎ 游戏准备：纸壳箱若干；剪刀1把；胶带1卷；玩具、马克笔、

丝带等快递物品若干。

◎ 游戏玩法：

1. 选取任意一个物品，找到大小合适的纸壳箱。

2. 将物品轻轻放入纸壳箱内，将纸壳箱箱盖闭合。

3. 拿取胶带，双手握住胶带圈大拇指抵住胶带向内转动寻找胶带开口。找到开口处，一只手握稳胶带圈另一只手大拇指和食指捏起胶带边缘向上用力撕开一层胶带。

4. 将撕开的一层胶带紧贴于两扇并拢的纸壳箱前端，按压使胶带与纸壳黏在一起，沿箱盖中间缝隙，一只手向后转动胶带使单层胶带快速拉长直至纸箱的后端；另一只手跟进按压胶带，使胶带与纸壳箱完全贴实。沿胶带边缘将其剪开，快递打包完毕。

5. 游戏结束后，将材料整齐地放回原处。

◎ 游戏指导：

1. 将胶带贴到纸壳箱侧边多预留一段，防止粘贴不牢固开裂。剪断后，用手抚平尾端胶带。

2. 游戏前强调安全用剪刀知识。

3. 在找胶带开口时，如果转动多圈找不到，可适时提示幼儿翻转胶带，从另一侧重新寻找。在撕开单层胶带时可能存在胶带撕裂，不能完整撕开现象，可再次向下拉长同时用力至单层胶带齐平。撕裂的部分剪掉即可。

4. 胶带贴于纸壳箱会存在不粘合状态，可反复多次按压。

5. 胶带宽窄不同，宽胶带最佳。纸壳箱单层胶带密封不严可重复操作粘贴多层胶带。

九、捞米饭

◎ 游戏目标：用笊篱将锅中的过水饭捞出沥水，练习精细动作。

◎ 游戏准备：装有水和大米的锅、盆子、蒸屉、蒸锅各1个；笊篱1个。

◎ 游戏玩法：

1. 将装有水和大米的锅、盆子等材料放于桌面。

2. 双手一前一后握住笊篱手柄末端位置，将笊篱倾斜插入锅中，直至笊篱碰到锅底。

3. 双手向上旋转，使笊篱正面朝上。手拿笊篱竖直平稳向上提起离开水面。

4. 上下抖动去除多余的水，直至不滴水为止。

5. 捞出的米放入盆中，重复操作，直至捞出所有的大米。

6. 将蒸屉放到锅中，盆子放到蒸屉上，盖上锅盖模拟蒸米饭。

7. 游戏结束后，将操作材料整齐地放回原处。

◎ **游戏指导：**

1. 操作前要提醒幼儿在抖动笊篱时，注意幅度大小，不要使里面的大米掉落。

2. 注意观察幼儿使用笊篱时的动作是否正确，及时予以指导。

3. 在抖动笊篱的时候要始终保持笊篱与地面平行，防止笊篱倾斜大米掉落。

第二章 生活自理

小班

一、我会穿鞋子

◎ 游戏目标：根据图示，学习正确穿脱一脚蹬式鞋子并提好鞋帮。

◎ 游戏准备：一脚蹬式穿鞋图示；不同尺码男款、女款一脚蹬式鞋子若干。

◎ 游戏玩法：

1. 观看图示，了解一脚蹬式鞋子的穿鞋方式。

2. 根据自身情况（性别、脚的大小）选取一双适合自己的一脚蹬式鞋子，将鞋子脚尖对脚尖、脚跟对脚跟摆放好，观察正确穿鞋对照卡，调整好鞋子左右。

3. 将一只脚伸进鞋里，大拇指和食指捏住鞋后方边缘，脚向前用力蹬的同时手向上提鞋帮，至脚全部进入鞋内。另一只脚按相同

步骤穿上鞋子。

4. 游戏结束，脱下双脚上的鞋子，整齐地放回原处。

◎ **游戏指导：**

1. 提供适合本年龄段的不同大小鞋子，保障班级内儿童都能参与游戏。

2. 出示清晰的正确穿鞋对照卡，便于区分鞋子左右。

3. 小班幼儿性别意识较弱，可根据幼儿情况进行指导。在选择鞋子大小时，可引导孩子用比一比的方法找到合适的鞋子。

4. 鞋帮处可粘贴图示方便幼儿识记鞋子左右。

二、我会擦屁股

◎ **游戏目标：** 根据图示，运用从前向后擦的动作，将娃娃屁股基本擦净。

◎ **游戏准备：** 擦屁股图示；纸抽1包；可排出污垢的屁股模型。

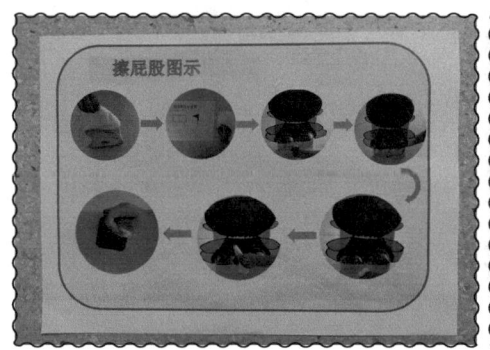

1. 将可排出污垢的屁股模型放于桌面，挤出适量污垢，从纸抽中取出一张纸巾。

2. 抽出的纸巾平铺在桌面上，观看图示学习纸巾对折方法，将纸巾对折。

3. 观看擦屁股图示，拿取纸巾对准屁股模型，用从前向后的方式擦拭屁股，纸巾用完后扔到垃圾桶中。

4. 再次拿取折叠好的纸巾，重复从前向后擦拭的动作，直至将屁股基本擦干净。

5. 游戏结束，物品收拾整齐并放回原处。

◎ 游戏指导：

1. 提供的屁股模型，可标注前后位置，方便幼儿操作。提示幼儿在挤出污垢时使用适当的力量，不要挤出过多。

2. 根据垃圾分类标准可为幼儿提供"其他垃圾桶"。

3. 根据小班年龄特别提供简单、便于操作的纸巾折法——对折法即可。

三、系围巾

◎ 游戏目标：根据步骤图，学习套舌法系围巾。

◎ 游戏准备：套舌法步骤图；围巾若干；人台模特1个。

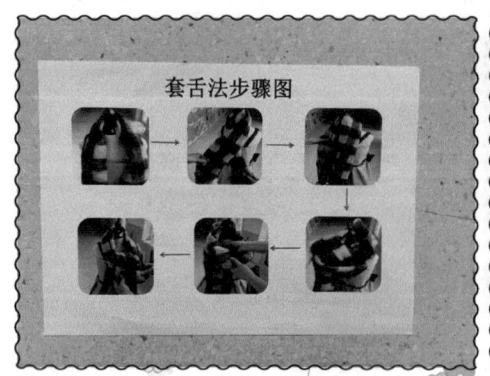

◎ 游戏玩法：

1. 自主选择一条围巾。

2. 观看套舌法步骤图，用套舌法为人台模特系围巾。（套舌法：双手握住围巾，将围巾绕在模特脖子上，模特脖子后方与围巾贴合，模特前方围巾自然下垂。调整围巾使脖子两侧围巾一长一短，双手握住两侧围巾使其交叉，长的一边围巾在上并从短侧围巾下方绕过后从中间的空隙中全部穿过，再将底端从空隙中穿回，空隙中留下一部分围巾重叠，围巾尾部自然下垂即可。）

3. 游戏结束后，将材料整理好放回原处。

◎ 游戏指导：

1. 小班幼儿年龄较小，注意提供的围巾不要过大过厚，长度应便于幼儿操作。在两侧围巾一长一短时，长侧围巾要尽量留长一些，方便后面步骤的操作。

2. 在将围巾底端穿回时，要注意不要将围巾全部穿回，幼儿不易掌握力度，可适时提供指导。围巾打好结后可适当调整，使其舒适。

四、小手剪指甲

◎ 游戏目标：练习使用小剪刀简单修剪指甲。

◎ 游戏准备：对半剪开吸管模拟指甲的自制小手模型1套；对半剪开吸管若干；垃圾盒1个；小剪刀1把。

◎ 游戏玩法：

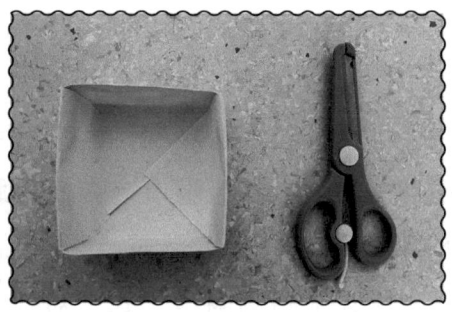

1. 左手拿着小手模型掌根部位（大拇指在上，其他四指在下），右手拿着小剪刀。（大拇指放在剪刀一侧握柄中，食指和中指放在另一侧握柄中。）

2. 按照从小拇指到大拇指的顺序依次用小剪刀修剪"指甲"。

3. 第一轮五根手指修剪完毕后，将模型上五个手指中"指甲"向上推出，继续修剪，直至"指甲"修剪完毕。

4. 全部修剪完成后，给五个手指依次插入准备的对半剪开吸管，将吸管插到适当位置后进行新一轮修剪。

5. 游戏结束，将剪下来的"指甲"收到垃圾盒中，把剪刀和小手模型放回原处。

◎ 游戏指导：

1. 操作前要对幼儿进行安全用剪刀教育，提醒幼儿不要剪到自制小手模型底板。

2.铁头剪刀对小班幼儿具有一定危险性,可提供幼儿安全剪刀(包头剪刀)。

3.可在提供的小手模型底板上标注箭头,提示幼儿修剪方向或起点。

4.注意观察幼儿用剪刀姿势是否正确,及时予以指导。

5.要提醒幼儿依次修剪指甲,全部修剪完成后才可以更换备用吸管。插入吸管的长度要适中。

五、洁衣初体验

◎ **游戏目标**:根据图示,用揉搓的方法清洗轻薄小件衣服。

◎ **游戏准备**:带水的水盆1个;洗衣液1瓶;娃娃衣服1套;洗衣服步骤图。

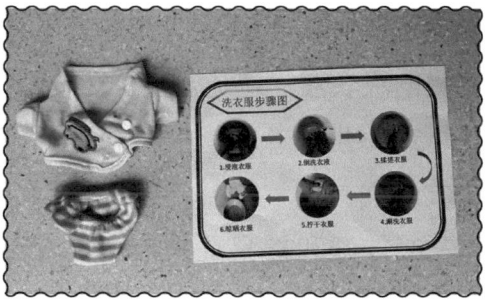

◎ **游戏玩法**:

1.一手握住洗衣液瓶身,另一只手扶住瓶盖,用力拧下瓶盖,将洗衣液和瓶盖放到桌子上。

2.观看图示,双手拿起娃娃上衣将其按压到水盆中直至完全浸没。一手拿起水中娃娃上衣,掌心朝上,另一只手倒取适量洗衣液到娃娃上衣上。

3.将洗衣液瓶子放到桌面上,双手拿住娃娃上衣开始揉搓直至污渍洗净。(揉搓方法:一手在上一手在下,双手上下交替摩擦揉搓衣服。)

4. 将水盆中脏水倒出并接取干净的水,把娃娃上衣放到水中浸泡揉搓,将泡沫洗净。涮洗干净后双手拿起娃娃上衣将其拧干。(拧干方法:将衣服上下对折,两只手分别握住衣服两端,一只手向外旋转,另一只手向内旋转,拧至衣服不滴水。)

5. 双手将娃娃上衣展开晾晒在通风处。

6. 观看图示,重复上述步骤,清洗晾晒娃娃内裤。

7. 娃娃衣服全部清洗结束后,把洗衣液盖子扣回瓶子上并拧紧瓶盖,操作材料摆放整齐。

◎ **游戏指导**:

1. 操作前要提醒幼儿注意不把水盆中的水弄洒到水盆外面;不要碰倒洗衣液,避免洒出。

2. 幼儿对"适量"概念理解模糊,容易过量,可借助瓶盖倒取洗衣液。

3. 拧开和拧紧洗衣液瓶盖对小班幼儿有一定难度,可根据幼儿操作情况适当予以帮助,游戏初期可提供翻盖瓶盖的洗衣液。

4. 可提供带水位线的盆子,方便幼儿接换干净的水。接换水时要时刻关注幼儿。

5. 注意观察幼儿搓洗衣服、拧干衣服姿势是否正确,及时予以指导。

六、我会晾衣物

◎ **游戏目标**:根据图示,练习正确晾晒简单衣物。

◎ **游戏准备**:晾晒长裤、开衫、套头衣服图示;晾衣架1个;衣

架若干；长裤、开衫、套头衣服若干。

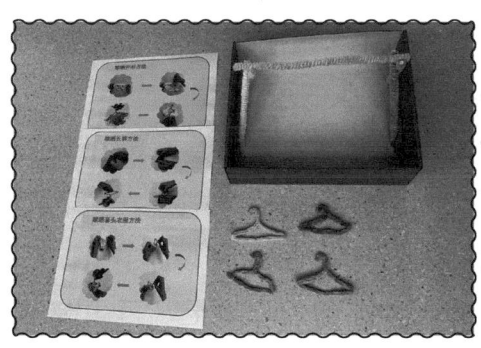

◎ 游戏玩法：

1. 自主选择一件衣服，根据图示将其平铺在平面上。（外套需左右门襟打开后平铺，裤子左右裤腿折叠重合后平铺。）

2. 拿取一个衣架，将选择的衣服挂在衣架上。（挂套头衣服方法：手拿衣架挂钩，先将衣架一侧倾斜伸进套头衣服领口内，再将另一侧伸入领口，挂钩外露即可。挂开衫方法：衣架平放在肩膀处，关闭左右门襟，一手抓住晾衣架挂钩处向上提起，另一只手整理衣服。挂长裤方法：一只手拿着衣架上方，另一只手拿着折叠好的裤脚处，将裤脚穿过晾衣架中间部分，直至裤脚与裤腰处对齐，拎起挂钩即可。）

3. 将挂好衣服的衣架挂到晾衣架上。（衣架挂法：衣架挂钩开口方向对着晾衣架，手拿衣架挂钩挂到晾衣架上。）

4. 再次选取一件衣物，重复操作直至所有衣物晾晒完毕。

5. 游戏结束后，将操作材料整理好放回原处。

◎ **游戏指导：**

1. 晾晒带衣襟的衣服对小班幼儿有一定难度，可根据幼儿操作情况适当予以帮助，游戏初期可提供套头衣服。

2. 幼儿在晾晒衣物过程中，反复提拿衣物，注意挂在晾衣架上衣服的位置，不要过近。

3. 注意观察幼儿挂衣服动作是否正确，及时予以指导。

4. 操作前提示幼儿将晾晒的衣物挂到晾衣架上，再去晾晒下一件衣物，一件衣架上只能挂一件衣物。

七、一起学刷牙

◎ **游戏目标：** 根据图示，学习刷牙的简单方法。

◎ **游戏准备：** 正确刷牙图示；带有污渍的牙齿模型、装满水的喷壶、倒好水的水杯各1个；牙刷1把；牙膏1管；毛巾1条。

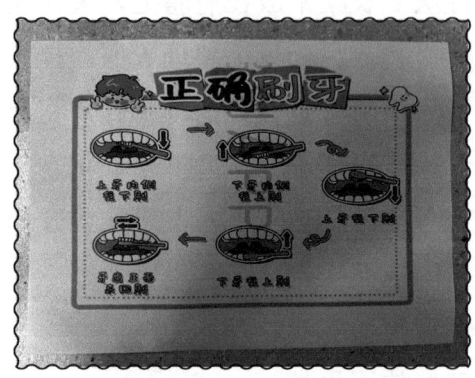

◎ **游戏玩法：**

1. 观察正确刷牙图示，学习刷牙的简单方法。

2. 一手持牙膏，一手旋转牙膏帽。拧开后将牙膏帽放在一边，拿起牙刷。挤适量的牙膏在牙刷上。

3. 依据正确刷牙图示，按顺序依次在牙齿模型上进行操作，直至牙齿模型表面干净。（正确刷牙顺序方法：上牙往下刷—下牙往上

刷—上牙内侧往下刷—下牙内侧往上刷—咬牙面来回刷。）

4.游戏结束后，将所有材料收拾整齐放回原位。

◎ **游戏指导**：

1.挤出牙膏的量建议为黄豆粒大小即可。

2.幼儿操作过程中，依据情况适时予以指导。

3.操作过程中刷牙方法可反复练习，练习结束后，将牙刷放于水杯中涮洗干净并把水杯中的水倒掉，然后使用喷壶对准牙齿，将牙齿上的牙膏沫冲洗干净，最后用毛巾把牙齿擦干。

中班

一、我的小鞋子

◎ **游戏目标**：根据图示，熟练地穿脱带有魔术贴的鞋子，左右基本正确。

◎ **游戏准备**：魔术贴鞋子穿鞋图示；魔术贴鞋子若干。

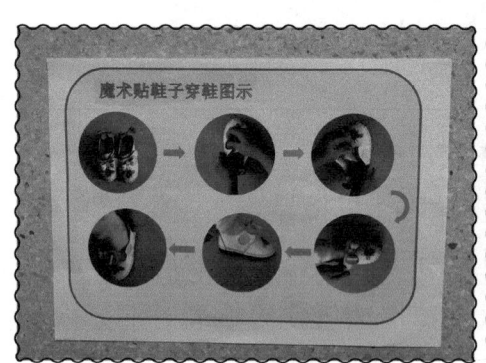

◎ **游戏玩法**：

1. 观看图示了解魔术贴鞋子的穿鞋方式。

2. 根据自身情况（性别、脚的大小）选取一双适合自己的鞋子。

3. 一只手握住鞋领，另一只手将魔术贴撕开。（打开魔术贴的方法：大拇指和食指捏紧魔术贴边缘向上用力。）

4. 将鞋舌向外拉伸，打开鞋口，脚放入鞋中后将鞋舌完全贴合脚面整理平整，按合适的松紧贴合魔术贴。（贴合魔术贴的方法：大拇指和

食指捏紧魔术贴边缘向下用力。）另一只脚按相同步骤穿上鞋子。

5.脱下双脚上的鞋子，整齐地放回原处。

◎ **游戏指导：**

1.提供适合本年龄段的不同大小的鞋子，保证班内幼儿都能参与游戏。

2.出示清晰的鞋子对照卡，便于区分鞋子左右，可提供鞋子结构示意图。

3.注意观察幼儿在贴合魔术贴时，要将魔术贴与底端完全对齐。

4.在向外拉伸鞋舌时，注意提示幼儿轻轻拉伸，不要使魔术贴完全脱离鞋扣。将魔术贴穿入鞋扣具有一定难度，游戏初期尽量为幼儿提供不带鞋扣的魔术贴鞋子。在幼儿熟练掌握后，可为幼儿增添不同难度的魔术贴鞋子。

二、便后我会做

◎ **游戏目标：** 根据图示，练习在大便后将屁股擦净并将裤子提好。

◎ **游戏准备：** 擦屁股图示；卷纸1卷；挤便瓶、垃圾桶、穿好衣物的娃娃各1个。

◎ **游戏玩法：**

1.取出卷纸放于面前，一只手握住卷纸，另一只手拽出一格纸

握住边缘，观察卷纸上的虚线并向外用力，将纸巾沿虚线抻开。抽出的纸巾平铺在桌面上，观看图示学习纸巾对折方法，将纸巾对折。

2. 观看擦屁股图示，双手握住娃娃裤腰向下用力，分别将裤子和内裤脱至娃娃膝盖处，将娃娃双腿向前，使其弯曲做蹲的动作。用挤便瓶在娃娃屁股中间，挤出适量污垢，模拟排便。

3. 拿取折好的纸巾对准娃娃屁股，用从前向后的方式擦拭屁股。用完的纸巾扔到垃圾桶中。

4. 再次拿取折叠好的纸巾，重复从前向后擦拭的动作，直至将屁股擦干净。使娃娃站立，双手握住内裤腰向上用力，将内裤全部提起，提到舒服位置，再次双手握住裤腰将裤子向上用力，将裤子穿好。

5. 游戏结束，将物品整齐地放回原处。

◎ **游戏指导：**

1. 游戏初期提示幼儿一格一格撕拉纸巾，避免纸巾浪费。
2. 提示幼儿在挤出污垢时使用适当的力量，不要挤出过多。
3. 根据垃圾分类标准可为幼儿提供"其他垃圾桶"。
4. 可提供裤子部位名称图，方便幼儿了解裤腰所在位置。

三、巧系蝴蝶结

◎ **游戏目标：** 根据图示，学习蝴蝶结系法系围巾、衣带。

◎ **游戏准备**:蝴蝶结系法步骤图;围巾、衣带若干;人台模特 1 个。

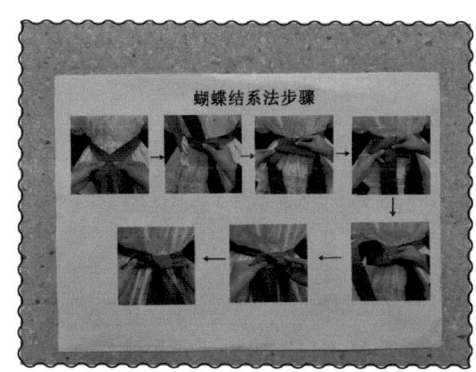

◎ **游戏玩法**：

1. 自主选择一条围巾或衣带。

2. 根据蝴蝶结系法步骤图，用蝴蝶结系法为人台模特系围巾或衣带。（蝴蝶结系法——以围巾为例：双手握住围巾，将围巾绕在模特脖子上，模特脖子后方与围巾贴合，模特前方围巾自然下垂。调整围巾使脖子两侧围巾等长，双手握住两侧围巾使其交叉形成孔洞，下方围巾绕过上方围巾穿于洞中并翻出，双手拉住围巾两端用力拉紧打结，两侧围巾自然下垂。将两侧围巾分别向下对折，两手分别抓住同侧围巾，重复上述打结步骤形成蝴蝶结，围巾尾部自然下垂即可。）

3. 游戏结束后，将材料收拾整齐放回原处。

◎ **游戏指导：**

1. 提供的围巾不宜过大过厚，不易操作。

2. 在将蝴蝶结对折时要注意向下对折，不要向上对折。打结时要抓紧对折好的双层围巾。

3. 蝴蝶结打好后，可适当抻拽下垂端，使蝴蝶结大小适当。

四、我会剪指甲

◎ **游戏目标：** 学习使用指甲刀，将手指甲修剪至合适长短。

◎ **游戏准备：** 吸管对半剪开模拟指甲的自制小手模型1套；对半剪开吸管若干；垃圾盒、指甲刀各1个。

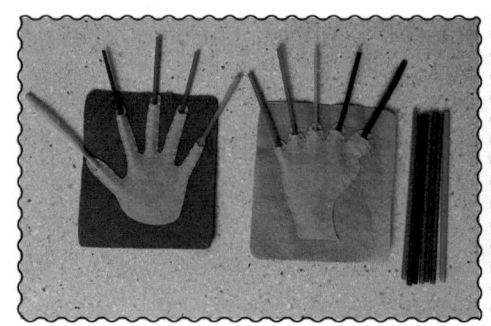

◎ **游戏玩法：**

1. 将小手模型平放在桌面上，一只手拿住指甲刀下层，另一只手将指甲刀上层向右（或向左）旋转，直至指甲刀上下层在一条线上，手握住上层向下翻折。

2. 左手捏住小拇指"指甲"，右手的大拇指握住指甲刀上层，其他四指握住指甲刀下层。

3. 将小拇指"指甲"插入指甲刀"口"中，右手上下用力按压指甲刀剪下"指甲"，把指甲刀中剪下的"指甲"磕放到垃圾盒中，重复操作，将指甲修剪到合适长短。（"指甲"长度与指尖平齐。）

4. 用指甲刀依次修剪无名指、中指、食指、大拇指的"指甲"，

直至五个手指的"指甲"全部修剪到合适的长度。

5. 游戏结束，将材料收拾整齐放回原处。

◎ **游戏指导：**

1. 操作前要对幼儿进行安全用指甲刀教育，提醒幼儿不要剪到自制小手模型底板。

2. 打开指甲刀动作对于幼儿具有一定难度，可根据幼儿操作情况适当予以帮助。游戏初期可提供打开好的指甲刀。

3. 幼儿手部力量有大有小，一只手用指甲刀剪"指甲"可能剪不断，可以双手一起握住指甲刀修剪。

4. 幼儿可能掌握不好修剪"指甲"的合适长短，可提供带终点线的吸管。

5. 注意观察幼儿用指甲刀姿势是否正确，及时予以指导。

6. 可根据幼儿操作情况，在小手模型上按1～5的顺序作上标记。

7. 提示幼儿在操作中将掉落的"指甲"及时捡到垃圾盒中。

五、洗刷衣鞋乐

◎ **游戏目标：** 根据图示，练习用搓衣板揉、搓简单衣服，学习刷简单的鞋子。

◎ **游戏准备：** 装有水的水盆、搓衣板各1个；刷子1把；用搓衣板洗衣服、刷鞋子方法图示；洗衣液1瓶；娃娃衣服1套；鞋子1双。

◎ 游戏玩法：

1. 左手握住洗衣液瓶身，右手扶住瓶盖，用力拧下瓶盖，将洗衣液和瓶盖放到桌子上。

2. 自主选择一张图示，根据图示清洗娃娃衣服或刷鞋子。（用搓衣板洗衣服方法：拿起搓衣板放到水盆中，将衣服按压进水盆使其完全浸没。拿起水中的一件衣服平铺到搓衣板上，倒少量洗衣液在铺好的娃娃衣服上。肚子顶住搓衣板，双腿夹住水盆，两手抓住衣服，衣服与搓衣板紧密接触，在搓衣板上反复上下揉搓衣服直至清洗干净。刷鞋方法：将鞋子按压进水盆使其完全浸没。手拿着一只鞋子的鞋底将其拿出水面，将少量洗衣液倒在鞋面上，手拿刷柄，刷丝与鞋子紧密接触，刷子上下或左右摩擦刷鞋子鞋面、鞋里、鞋边，最后手拿着鞋面，用刷子将鞋底刷干净，再次拿取另一只鞋子按上述步骤进行刷洗。）

3. 倒出脏水接换干净的水，将娃娃衣服和鞋子涮洗干净。衣服拧干，鞋子挤干。（衣服涮洗拧干方法：把清洗好的娃娃衣服放到水中涮洗干净。涮洗干净后，将衣服对折，两只手分别握住衣服两端，一只手向外旋转，另一只手向内旋转，拧至衣服不滴水。鞋子涮洗挤干方法：把清洗好的鞋子放到水中涮洗干净。涮洗干净后一只手放在鞋底位置，一只手放在鞋面位置，双手用力向中间挤压鞋子使其不滴水。)

4. 晾晒衣服和鞋子。(把娃娃衣服一件一件地展开晾晒在通风处。鞋子并齐摆放在通风处。)

5. 可选取另一张图示，继续游戏。

6. 清洗结束后，把所有物品收拾整齐并放回原处。

◎ 游戏指导：

1. 操作前要提醒幼儿不把水盆中的水弄洒到水盆外面，不碰倒洗衣液，避免洒出。

2. 注意观察幼儿放入水中的搓衣板上下位置是否正确，及时予以指导。

3. 提示幼儿选取好一个图示后，将其全部衣服或鞋子全部清洗干净。清洗完毕后，再选取另一个图示进行操作。

4. 幼儿倒洗衣液时不好掌握用量，可根据幼儿操作情况提供量杯，方便幼儿倒取适量洗衣液。

5. 注意观察幼儿在搓衣板上搓洗衣服、拧干衣服、挤压鞋子中水的姿势动作是否正确，及时予以指导。

六、晾晒有技巧

◎ 游戏目标：根据图示，练习晾晒简单衣物。

◎ **游戏准备**：晾衣架 1 个；衣架、裤夹若干；毛衣、裤子、毛巾晾晒图示；毛衣、裤子、毛巾若干。

◎ **游戏玩法**：

1. 自主选择一件衣物，找到该衣物的对应晾晒图示。

2. 拿取所需要的衣架或裤夹，依据图示将选择的衣物挂在衣架或裤夹上。（晾晒毛衣方法：毛衣平铺在水平面上，衣架立放在毛衣中间位置，将两只袖子从衣架中间穿过，一手抓住两只袖子，一手将衣架向上提起即可。晾晒裤子方法：一手拿裤子腰部位置，一手捏开衣夹，分别将两个衣夹夹住裤子即可。晾晒毛巾方法：抓住毛巾一端从衣架中间穿过，使毛巾一边长一边短；一手拎住衣架，一手将毛巾整理平整即可。）

3. 把用衣架挂好的衣服挂到晾衣架上。

4. 再次选取一件衣物，重复操作直至所有衣物晾晒完毕。

5. 游戏结束后，将操作材料整齐地放回原处。

◎ **游戏指导**：

1. 操作前提示幼儿一次选取一件衣物进行晾晒，直至将其晾晒到晾衣架上后，再次选取下一件衣物。

2. 幼儿在晾晒衣物过程中，可根据幼儿操作情况适当予以帮助。

3. 注意观察幼儿挂毛衣、裤子等衣物动作是否正确，及时予以指导。

4. 幼儿挂在晾衣架上的衣服要掌握好之间的间距，不要都堆挂在一起。

七、牙齿保卫战

◎ **游戏目标**：根据图示，按照正确步骤熟练清洁口腔。

◎ **游戏准备**：正确刷牙步骤图；带有污渍的牙齿模型、装满水的喷壶、倒好水的水杯各 1 个；毛巾 1 条；牙膏 1 管；牙刷 1 把。

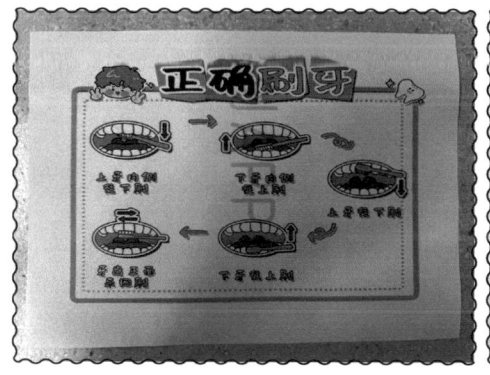

◎ **游戏玩法**：

1. 熟悉刷牙方法步骤图。

2. 运用刷牙的正确步骤自行刷牙。

3. 依据刷牙步骤图在牙齿模型上熟练进行操作，直至牙齿模型完全干净。

4. 游戏结束后，将所有材料收拾整齐放回原位。

◎ **游戏指导：**

1. 幼儿操作过程中，依据情况适时予以指导。

2. 操作过程中刷牙方法可反复练习，尽量完全熟练并掌握。游戏结束后，将牙刷放于水杯中涮洗干净并把水杯中的水倒掉，然后使用喷壶对准牙齿，将牙齿上的牙膏沫冲洗干净，用毛巾把牙齿擦干。

3. 在提供带污渍的牙齿模型时，污渍位置与顽固程度要比小班更具难度，体现层次性。

大班

一、穿鞋我能行

◎ 游戏目标：根据图示，学习穿脱有鞋带的鞋子。

◎ 游戏准备：系鞋带步骤图；带鞋带的鞋子若干。

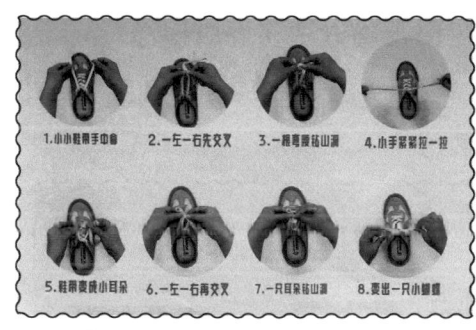

◎ 游戏玩法：

1. 选择一双大小合适的鞋子。

2. 打开鞋口，将脚放入鞋子内。观看系鞋带步骤图，学习系鞋带的方法将鞋带系好。（系鞋带方法：两只手捏住鞋带向上提起，将鞋带交叉形成孔洞，下方鞋带穿于洞中，翻出到原来位置，向两侧拉伸，拉紧打结。两只手大拇指和食指各捏住一边鞋带，从根部对折，再次交叉形成孔洞，重复上一步动作，拉紧打结使鞋带紧贴鞋子。）

3. 脱下双脚上的鞋子，整理整齐放回原处。

◎ 游戏指导：

1. 在穿鞋时，可提示幼儿根据鞋口的大小调整鞋带，方便穿上鞋子。

2. 再次打结时，需提示幼儿鞋带不要完全对折。

3. 对于打结不熟练的幼儿可给予个别指导。

二、便后做得好

◎ 游戏目标：根据图示，熟练运用正确方法将屁股擦净。

◎ 游戏准备：擦屁股图示；卷纸1卷；挤便瓶、垃圾桶、娃娃各1个；上衣1件；裤子2条；内裤1条。

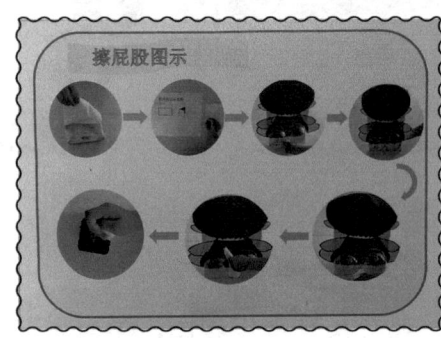

◎ 游戏玩法：

1. 观看擦屁股图示，双手握住裤腰向下用力，分别将两层裤子和内裤脱至娃娃膝盖处。拿取挤便瓶对准娃娃屁股，挤出适量污垢。

2. 根据污垢量，取出适量纸巾。观看图示将纸巾折好。（对折法：一格或两格纸巾均可。一格纸巾将纸巾两边齐平对折；两格纸巾沿虚线对折，使纸巾完全重合。包心折：需要三格纸巾，将左侧一格纸巾向内对折与中间一格纸重合，右侧纸巾覆盖在最上方与左侧虚线齐平。）

3. 将纸准备好后，用从前向后的方式为娃娃擦拭屁股。用完的纸巾扔到垃圾桶中。

4.再次拿取纸巾折叠好,重复从前向后擦拭的动作,直至将屁股擦干净。先将内裤提起,然后双手握住内层裤子裤腰向上用力,将内层裤子穿好。双手拉住上衣衣摆向下拉伸平整使上衣贴紧内层裤子。然后双手握住外层裤子裤腰向上用力,将裤子全部提起,使外层裤子完全包裹上衣下摆。

5.游戏结束,将物品收拾整齐并放回原处。

◎ **游戏指导**:

1.游戏初期提示幼儿按需撕拉纸巾,避免纸巾浪费。

2.提示幼儿在挤出污垢时使用适当的力量,不要挤出过多。

3.可提示幼儿将内裤和裤子提到适当位置,不可过高或过低。上衣衣摆掖入裤子后可适当调整,舒适整洁即可。

三、小小打结师

◎ **游戏目标**:根据图示,运用螺旋结、拉绳结的方式系衣领绳、裤带绳。

◎ **游戏准备**:螺旋结、拉绳结步骤图;筷子1根;带绳带的裤子、上衣各1件。

◎ 游戏玩法：

1. 取出上衣或裤子，选择对应步骤图，将衣服平铺于平面。

2. 观察步骤图，按步骤为衣带打结。（螺旋结系法：一只手握住筷子的尾部，将筷子横放于绳带上端，另一只手握住绳带下端，握住绳带的手按同一方向将绳带在筷子上缠绕多圈。绳带下端留出适当长度后，一手捏住线圈，一手将筷子从绳带中抽出。绳带末端从线圈上方穿入孔洞，向下拉伸末端绳带即可。拉绳结系法：一手握住一根绳带，围绕另一手一根手指半圈使绳子交叉形成孔洞，绳带末端穿入孔洞。另一根绳带重复上述操作直至绳带末端穿入孔洞。将左边绳带下端放入右边孔洞内，将右边绳带下端放入左边孔洞内，拉紧绳带末端进行打结。打结后可拉拽上侧绳圈，调节绳带松紧。）

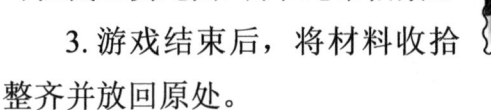

3. 游戏结束后，将材料收拾整齐并放回原处。

◎ 游戏指导：

1. 螺旋结常用于上衣领口绳，防止领口绳从一侧脱落；拉绳结常用于裤子裤带绳，用于调节裤带松紧。

2. 游戏初期注意提醒幼儿，螺旋结围绕筷子进行打圈时，按照同一方向进行缠绕。不要过紧或过松，既要保证线圈成型又要使线圈可以从筷子上拿下来。

3. 裤带绳末端穿入孔洞后，不要将绳子两端拉紧，保留打结的孔洞。

4. 拉绳结打好后，可进行拉拽调整松紧，适时帮助幼儿寻找正确拉拽位置，不要盲目用力。

四、指甲修理师

◎ **游戏目标**：熟练使用指甲刀将"手指甲""脚指甲"修剪至合适长短。

◎ **游戏准备**：自制的手、脚模型各1套；对半剪开吸管若干；垃圾盒、指甲刀各1个。

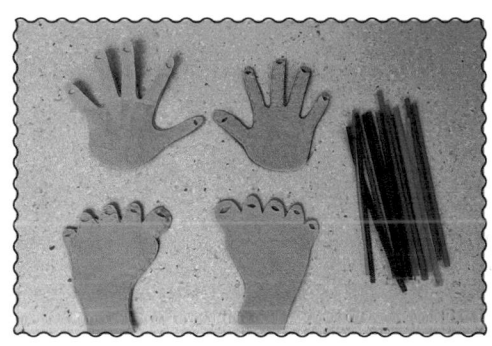

◎ **游戏玩法**：

1. 拿起指甲刀，用双手将指甲刀旋转打开，打开后放到桌面上。

2. 自主选择一个模型，插入吸管，戴在相应的手或脚上。未带模型的手拿指甲刀。

3. 按从大拇指到小拇指顺序修剪"手指甲"或"脚指甲"至合适长度。随时把指甲刀中剪下的"手指甲"或"脚指甲"磕放到垃圾盒中。

4. 修剪完成后，自由选择其他模板，继续游戏。

5. 游戏结束，将所有物品放回原处。

◎ **游戏指导：**

1. 操作前要对幼儿进行安全用指甲刀教育，提醒幼儿不要剪到自制手、脚模型。手、脚模型制作要大小合适，能让幼儿戴在手上或脚上；吸管要插在底板下方，与手相隔，保证幼儿佩戴安全。

2. 提醒幼儿将选中的模型"指甲"全部修剪到合适长短，再继续修剪下一个模型。

3. 修剪"脚指甲"时，可提示幼儿将腿弯至胸前，一手扶所修剪"脚趾"，一手拿指甲刀进行修剪。

4. 提示幼儿在操作中将掉落的"指甲"及时捡到垃圾盒中，游戏结束后将垃圾盒中的"指甲"倒入垃圾桶中。

5. 注意观察幼儿用指甲刀姿势是否正确，及时予以指导。

五、除污小妙招

◎ **游戏目标：** 巧用不同工具，熟练清洗衣服和鞋子。

◎ **游戏准备：** 带水的水盆1个；洗衣液1瓶；肥皂1块；食盐1袋；牙膏1管；洗洁精1桶；洗面奶1管；带污渍的衣服若干；小白鞋、网面鞋、皮鞋若干；刷子1把；抹布1块；污渍洗法图示；小白鞋、网面鞋、皮鞋洗法图示。

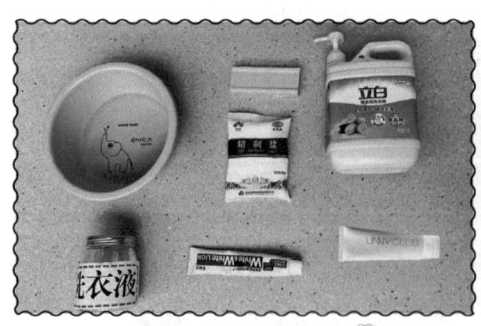

◎ **游戏玩法：**

1. 选取一件带污渍的衣服或一双鞋子。

2. 查看图示，判断衣服上的污渍类型或鞋子种类，根据图示挑选要使用的清洁工具，清洗选取的衣服或刷洗选取的鞋子。（油污清洗方法：将衣服按压进水盆使其完全浸没，把少量牙膏挤到污渍上，再倒上少量洗洁精，双手各抓住衣服污渍位置的两边揉搓，直至清洗干净。水果污渍清洗方法：将衣服按压进水盆使其完全浸没，先将肥皂厚涂到污渍上，再倒上少量食盐，双手各抓住衣服污渍位置的两边揉搓，直至清洗干净。化妆品污渍清洗方法：将衣服按压进水盆使其完全浸没，先将少量洗面奶挤到污渍上，再挤上少量牙膏，双手各抓住衣服污渍位置的两边揉搓，直至清洗干净。发霉位置清洗方法：衣服按压进水盆使其完全浸没，先将少量食盐倒到发霉处，再倒上少量洗洁精，双手各抓住衣服污渍位置的两边揉搓，直至清洗干净。小白鞋、网面鞋刷洗方法：将选取的鞋子按压进水盆使其完全浸没，在鞋网上先倒上少量的洗衣液，再挤上少量的牙膏，用刷子刷洗干净。皮鞋清洁方法：在皮鞋表面先挤上洗面奶，再挤上牙膏，用抹布擦拭鞋子将其擦干净。）

3. 把衣服和鞋子涮洗干净，拧干衣服或挤干鞋子。

4. 将洗好的衣服和鞋子晾晒在通风处。

5. 根据游戏情况，自主选取其他带污渍衣服或鞋子再次清洗。

6. 游戏结束，把操作材料收拾整齐放回原处。

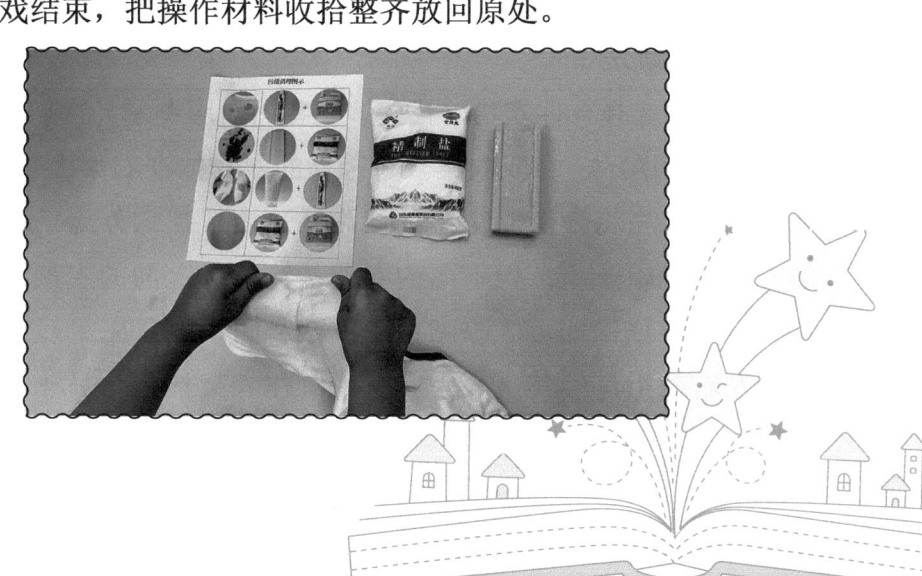

◎ **游戏指导：**

1. 操作前要提醒幼儿不把水盆中的水弄洒到水盆外面，不碰倒洗衣液，避免洒出。

2. 幼儿清洗衣服时可先清洗污渍，然后重点揉搓衣服的衣袖、衣领等位置，最后整体揉搓。

3. 提示幼儿清洗并晾晒好一件衣服或鞋子后，再去选取下一件进行清洗。

4. 注意观察幼儿选取清洁工具时是否正确，及时予以指导。

六、晾晒衣物

◎ **游戏目标：** 依据图示，熟练晾晒常用衣物。

◎ **游戏准备：** 晾衣架1个；衣架若干；带帽衣服、床单晾晒图示；带帽衣服、床单若干。

◎ **游戏玩法：**

1. 自主选择一件衣物，找到该衣物的对应图示。

2. 观看图示，拿取衣架，将选择的衣物挂在衣架上。（晾晒带帽衣服方法：先将一个衣架全部伸到领口内，挂钩外漏，另一个衣架的一侧伸进帽子里，把下面的衣架挂钩挂在上面的衣架横杆上，拎起上方衣架挂钩即可。晾晒被单方法：两手抓住床单短边的两角将床单左右对折，使其重叠。一只手拿住衣架挂钩，另一只手拿着重

叠后床单的一侧短边,将其穿过衣架中间一定长度,整理平整后将衣架放在一边。再拿取一个衣架,按照同样步骤将另一侧床单挂在衣架上,最后两只手分别提起两个衣架的挂钩即可。)

3. 把用衣架挂好的衣物挂到晾衣架上。

4. 再次选取一件衣物,按照图示操作直至所有衣物晾晒完毕。

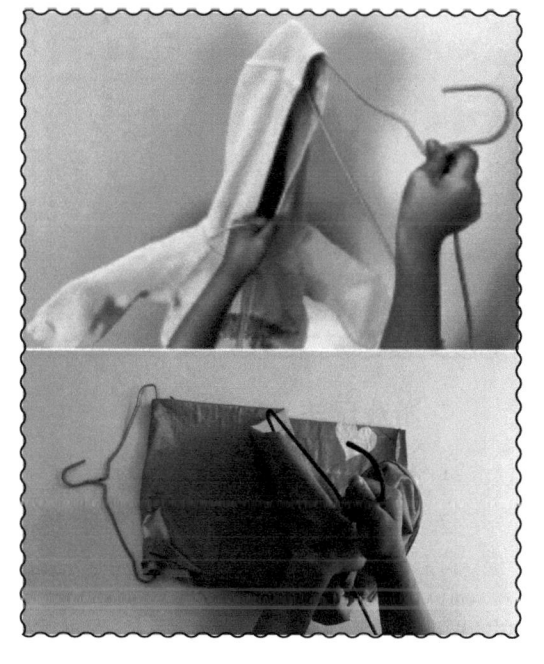

5. 游戏结束后,将操作材料整齐地放回原处。

◎ **游戏指导**:

1. 晾晒真实床单对于幼儿来说具有一定难度,可根据幼儿操作情况适当予以指导,游戏初期可提供适合孩子操作的自制床单进行游戏。

2. 注意观察幼儿挂衣物动作是否正确,及时予以指导。

3. 晾晒床单时,将床单一侧挂在衣架上后,可先将衣架挂到晾衣架上,再去挂另一侧床单到衣架上。

七、清理牙缝

◎ **游戏目标**:根据牙线棒使用步骤图,用牙线棒清理牙缝。

◎ **游戏准备**:牙线棒使用步骤图;牙缝带有食物残渣的牙齿模型、装满水的喷壶各1个;毛巾1条;牙线棒若干。

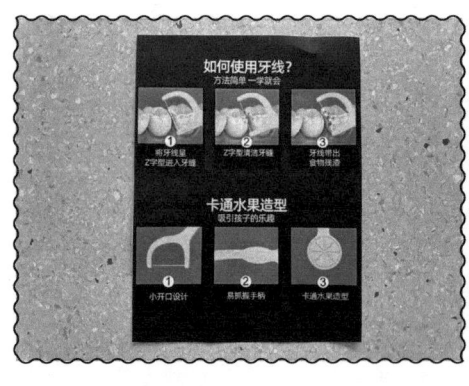

◎ **游戏玩法：**

1. 观察牙线棒使用步骤图，学习牙线棒的简单使用方法。

2. 打开牙线盒，拿出一个牙线棒，手持牙线棒的手柄端。

3. 依据步骤图使用牙线棒在牙齿模型上进行操作，直至牙齿缝隙的残渣清理干净。（牙线棒使用方法：握住牙线棒的手柄部分，使牙线棒的牙线部分对准牙缝，轻轻将牙线部分滑入牙缝中，让牙线紧贴牙面，从牙缝的一侧向另一侧轻轻拉动，同时上下刮擦牙缝的两侧面，以清除食物残渣。）

4. 游戏结束后，将所有材料收拾整齐放回原位。

◎ **游戏指导：**

1. 幼儿操作过程中，依据情况适时予以指导。

2. 牙线棒使用中牙线要慢慢滑入牙缝，不要强行压入齿缝，以免损伤牙龈。

3. 牙线棒为一次性用具，用完记得丢掉，不能重复使用。

4. 操作过程中牙线使用方法可反复练习，结束后，使用喷壶对准牙齿，将牙齿上遗留的食物残渣冲洗干净，用毛巾把牙齿擦干。最后将所有材料整理整齐放回原处。

第三章 物品整理

小班

一、衣服我会叠

◎ 游戏目标：依据图示，运用叠衣板叠折长袖衣物、长裤。

◎ 游戏准备：叠衣板1个；叠衣板使用方法图示；印有不同数量、种类衣服的任务单若干；小粘贴若干；收纳箱1个；长袖衣服、长裤若干。

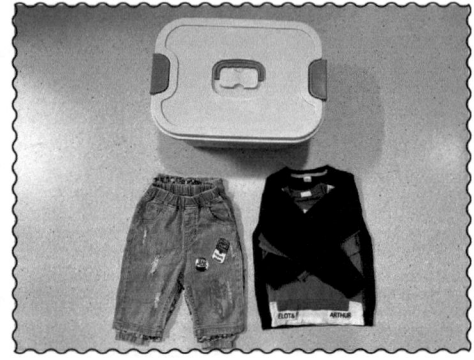

◎ 游戏玩法：

1. 抽取一张任务单，根据任务单上的衣服图案在收纳箱中找取对应衣服。

2. 观看叠衣板使用方法图示，将叠衣板平铺于平面，借助叠衣板将任务单上的衣服叠好。（长袖衣服叠法：衣服平铺于叠衣板中间位置，超出叠衣板的衣服部分，向上翻折与叠衣板边缘重合。将标有数

字1的一侧向里折至重合，打开1号折叠板，将标有数字2的一侧向里折至重合，打开2号折叠板，将标有数字3的一侧向上折至重合，打开3号折叠板即可。长裤叠法：将裤子平铺于桌面，一手捏住裤腰一手捏住裤脚对折，与另一侧裤腰裤脚完全重合。横向铺于折叠板中间位置，将标有数字1的一侧向里折至重合，打开1号折叠板，将标有数字2的一侧向里折至重合，打开2号折叠板即可。）

3. 双手四指在下，拇指在上捏住叠好的衣服的两端，平稳拿出放置于平面即完成任务。任务完成后，在任务单上贴上小贴纸。

4. 再次抽取任务单进行游戏。

5. 游戏结束后，将衣服放回收纳箱。其他物品放回原处。

◎ **游戏指导**：

1. 幼儿操作过程中，依据情况适时予以指导。

2. 长衣叠衣板为正方形，平均分成左、中、右三部分，中间板块平分为上、下两块，共有四个部分。左侧为1、右侧为2、中下为3、中上为4；长裤叠衣板为正方形，平均分成左、中、右三部分，左侧为1、右侧为2、中间为3。分别标记好序号。依照顺序进行操作。

二、鞋子配对

◎ **游戏目标**：配对游戏，根据任务单将鞋子进行配对并按鞋子大小、颜色、款式等特点整齐摆放。

◎ **游戏准备**：分别标有颜色、大小、款式标识的自制鞋架1个；各种鞋子模型若干；各类鞋子配对任务单若干。

◎ 游戏玩法：

1. 自主选择一张任务单。

2. 根据任务单上的内容挑选出相应的鞋子模型。

3. 将挑选出的鞋子模型根据其特点（款式、颜色、大小等）找到鞋架上对应标识，脚尖对脚尖、脚跟对脚跟，左右正确地摆放在鞋架的相应位置。

4. 完成本任务单的鞋子配对摆放后，可再次选择任务单，继续将其他鞋子进行配对摆放。

5. 游戏结束后，将游戏材料收拾整齐并放回原处。

◎ 游戏指导：

1. 操作前提示幼儿在选择任务单后，仔细观察鞋子特点并找到与其对应的位置。

2. 提供的各种鞋子模型应混合在一起。

3. 注意观察幼儿摆放情况，及时给予指导。

4. 可根据幼儿情况提供具有更多特点的配对方式，凸显层次性。

三、我的小屋

◎ **游戏目标**：按图片摆放物品，将迷你屋内生活物品摆放在相应位置，使场所环境整洁。

◎ **游戏准备**：自制迷你屋 1 个；装有自制生活物品模型的收纳箱 1 个；物品摆放位置图若干。

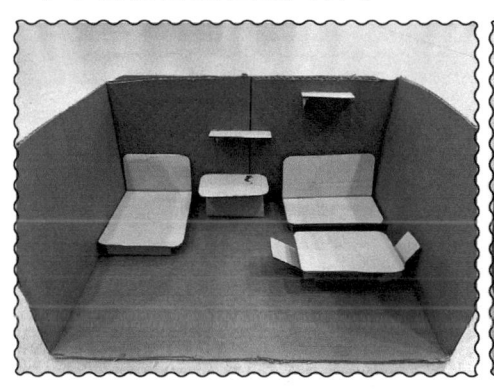

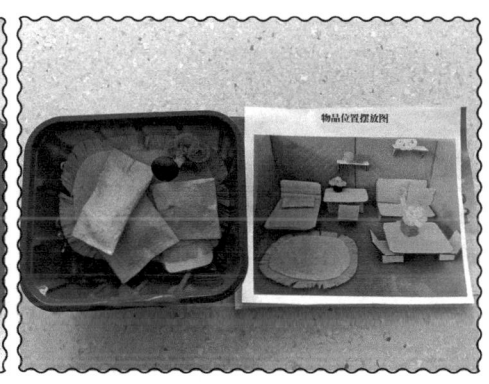

◎ **游戏玩法**：

1. 自主选择一张物品摆放图。

2. 根据选择的物品摆放位置图将物品模型一一摆放至迷你屋内的相应位置。

3. 将全部物品摆放完毕后，与物品摆放图进行对照，若有差别，进行调整。

4. 游戏结束后，将自制迷你屋放置展示区，自制生活物品模型放回收纳盒中。

◎ **游戏指导**：

1. 游戏前提示幼儿爱护自制生活用品，轻拿轻放。

2. 操作时，提示幼儿选择物品摆放图后，仔细观察，不要在摆放物品中途轻易更换物品摆放位置图。

3. 自制迷你屋内应是幼儿熟悉的场景，自制的生活物品亦是如此。

四、整洁的小床铺

◎ **游戏目标**：铺床游戏，学习运用平铺方法整理床铺。

◎ **游戏准备**：自制小床1张；小被子、小床单、小枕头等床上用品；平铺法步骤图1张。

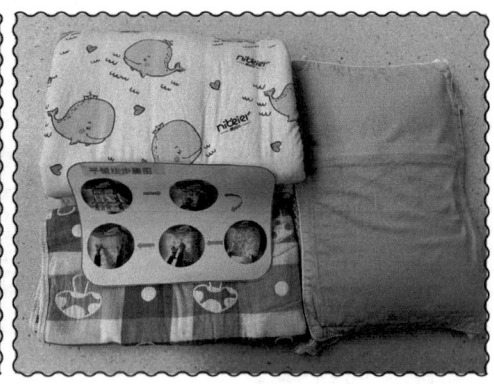

◎ **游戏玩法**：

1. 拿取小床单、小被子和小枕头。

2. 根据图示，运用平铺法将拿取出的小床单在床上铺放整齐。（平铺法——以床单为例：站在床尾，将床单展开正面朝上放于床面，两手各抓住床单短边，将床单提起一部分，双手带动所抓床单短边向前上方，然后迅速拉回原位，使床单平展于床面，用手将床单轻轻抚平，尽量减少褶皱。）

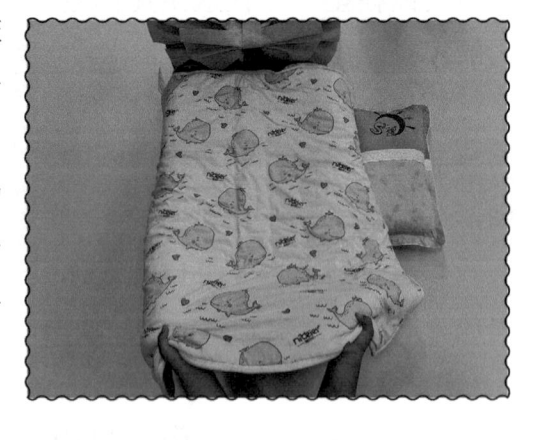

3. 运用平铺法将被子铺放于床单上面。

4. 被子抚平、无褶皱后，将枕头平放于床头被子上方。

5. 游戏结束，将铺好的小床和步骤图放回原位。

◎ **游戏指导：**

1. 注意观察幼儿在整理过程中床单、被子里外、上下是否正确，及时予以指导。

2. 提示幼儿要将床单、被子均匀地铺在床上，不偏向某一侧。

3. 提供的被子不宜过大、过重，应便于幼儿操作。

五、配饰排排乐

◎ **游戏目标**：根据任务单，学习运用陈列摆放法，按一定规律将帽子、眼镜等配饰摆放整齐。

◎ **游戏准备**：帽子、眼镜等配饰若干；帽子、眼镜等配饰陈列摆放位置任务单；自制配饰陈列摆放架。

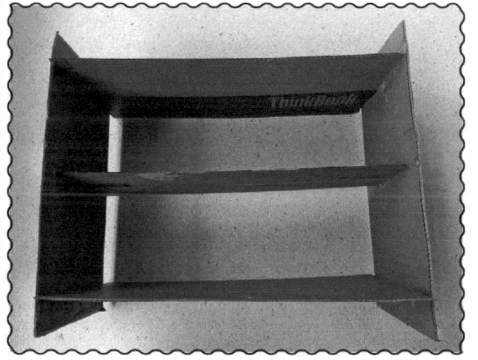

◎ **游戏玩法：**

1. 自主抽取一张配饰陈列摆放位置任务单。

2. 按照任务单的摆放位置将帽子、眼镜等配饰在自制摆放架上进行分类陈列摆放。（陈列摆放法是一种将物品有规律、有目的地进行展示和放置的方法。常见的陈列摆放方法有按类别摆放、高低错落、色彩搭配、对称与不对称摆放等，这些方法可以根据不同的场景和物品特点进行灵活运用。）

3. 完成一张配饰陈列摆放位置任务单，可再次抽取任务单进行游戏。

4. 游戏结束，可将摆放好配饰的自制陈列摆放架放置展示区，其余材料放回原处。

◎ **游戏指导：**

1. 在放置眼镜时，提示幼儿不要用手触摸眼镜片，要轻拿轻放。

2. 在放置帽子时，注意观察幼儿是否将帽子整理好。

3. 在摆放完成后，提示幼儿调整配饰位置，尽量使其摆放整齐。

4. 可根据幼儿情况和常见的陈列摆放方法提供高低错落、色彩搭配、对称与不对称摆放的任务单。

六、食物分类

◎ **游戏目标：** 按食物种类将食物进行分类并整理。

◎ **游戏准备：** 蔬菜、水果卡片若干；盘子1个；自制蔬菜、水果篮子各1个。

◎ **游戏玩法：**

1. 从盘子中自主选取一张蔬果卡片。

2. 辨认手中蔬果卡片，将水果卡片放到水果篮子中，蔬菜卡片

放到蔬菜篮子中。

3. 再次选取一张蔬果卡片分类，直至所有蔬果卡片分类完毕。

4. 分类完成后，将蔬果篮子中所有卡片取出，把材料整理好放回原处。

◎ **游戏指导：**

1. 操作前提示幼儿每次选取一张蔬果卡片进行分类。

2. 自制篮子上文字对小班幼儿有一定难度，可根据幼儿操作情况适当予以帮助，可直接提供蔬果图片。

3. 可根据幼儿情况，根据食物类别更换食物图片，如：豆类、坚果类。

4. 注意观察幼儿分类是否正确，及时予以指导。

中班

一、叠衣小能手

◎ 游戏目标：根据任务单，依照图示练习运用纸板法叠衬衣。

◎ 游戏准备：整理箱1个；长袖衬衣若干；任务单若干，印有不同衣服图案；叠衣方法图示；纸板若干。

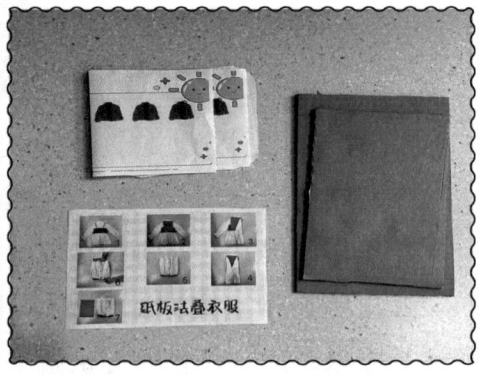

◎ 游戏玩法：

1. 抽取一张任务单，根据任务单上的衣服图案找取对应衣服。

2. 观看叠衣方法图示，根据图示将任务单上的衣物叠好。（纸板法：将衬衫正面朝下平铺在平面上。将纸板放在衬衫背面领口的下方，确保纸板的上边缘与衬衫的领口里折痕对齐。一手拎起上衣的一只袖子，一手拎同侧衣摆沿纸板向中间对折。衣摆折好后，捏袖子的手往后回折，使袖子平铺在折好的衣摆上。另一侧用相同方法叠好。然后，双手拿住衬衫的底

部沿纸板下方边缘向上折叠,一手捏住衣服,一手平稳拿出纸板即可。)

3. 双手四指在下,拇指在上捏住叠好的衣服的两端,平稳拿出,放置于整理箱中即完成任务。任务完成后再次抽取任务单进行游戏。

4. 游戏结束后,将游戏材料收拾整齐并放回原处。

◎ **游戏指导**:

1. 纸板法材料准备时如果没有纸板,也可以使用一本杂志或一本薄书来代替。准备纸板时需要一个与衬衫领口宽度相匹配的纸板。

2. 幼儿操作过程中,依据情况适时予以指导。

3. 拿出纸板时,可适时提醒幼儿轻轻拿出纸板,避免弄乱已叠好的衣服。

二、鞋子装盒

◎ **游戏目标**:根据图示,将鞋子整齐摆放在合适鞋盒中,并将鞋盒按从大到小的顺序摆放整齐。

◎ **游戏准备**:鞋子、鞋盒若干;鞋子入盒摆放方法图示;鞋盒摆放方法示意图。

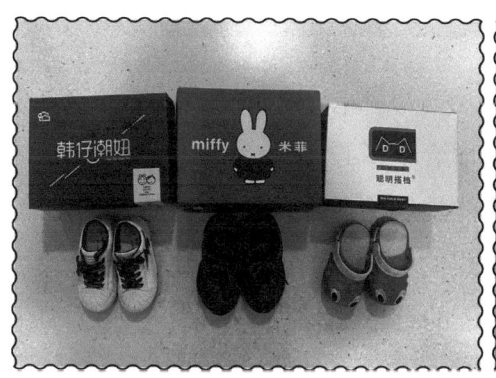

◎ **游戏玩法**:

1. 自主选择一只鞋子,观察鞋子特点并找到与其对应的另一只鞋子进行配对并摆放整齐。

2.选择合适的鞋盒按照鞋子摆放方法图示对摆好的鞋子进行收纳。(摆放方法：拿起一只鞋子，使其鞋尖向前，鞋底贴于鞋盒侧面放在鞋盒一边；再拿起另一只鞋子，使其鞋尖向后，鞋面朝向第一只鞋侧放在鞋盒中。让两只鞋子鞋面相对，鞋尖与鞋跟相互对准即可。)

3.重复上述步骤，鞋子全部装入鞋盒里。将装有鞋子的鞋盒依照鞋盒摆放方法示意图进行整理。(摆放方法：按照从大到小的顺序依次向上摆放。)

4.游戏结束后，将游戏材料收拾整齐并放回原处。

◎ **游戏指导：**

1.注意观察幼儿摆放情况，及时给予指导。

2.鞋盒合适的大小为鞋子放进鞋盒后前后距离均为一指左右。

3.可根据幼儿情况提供更多款式的鞋子，摆放时提供的鞋盒大小不一，可根据幼儿情况提供大小相近的鞋盒凸显层次性。

三、整洁的小屋

◎ **游戏目标：**依据任务卡，根据生活经验将屋内的各种物品摆放整齐。

◎ **游戏准备**：带有衣柜、梳妆台、茶几等家具模型的自制小屋 1 个；装有任务卡的盒子，任务卡上印有人物及所要整理的家具；装有不同自制衣物、杯具、梳妆用品小样的盒子等。

◎ **游戏玩法**：

1. 从盒子中抽取一张任务卡。

2. 判断与抽取的任务卡上家具相对应的物品模型，并选择装有该类物品模型的盒子。

3. 根据生活经验将盒子中的物品模型整齐地摆放至自制小屋的相应家具处。

4. 完成一张任务卡后，可再次抽取任务卡继续游戏。

5. 游戏结束后将自制小屋放置展示区，其余材料整理好放回原处。

◎ **游戏指导**：

1. 在操作前，提示幼儿一次只可抽取一张任务卡，并且完成摆放后才可再次抽取。

2. 在幼儿抽取任务卡后，注意观察是否选对放有相应物品模型的

盒子，及时予以指导。

3. 在幼儿游戏时应提醒要将模型整齐地摆放至对应家具处，不要随意堆放。

4. 所提供的家具模型和物品模型可根据游戏情况进行更换。

四、被子卷一卷

◎ **游戏目标**：根据图示，练习用卷被子法收纳被子。

◎ **游戏准备**：小被子若干；卷被子方法图示；自制衣柜1个、自制小床1张。

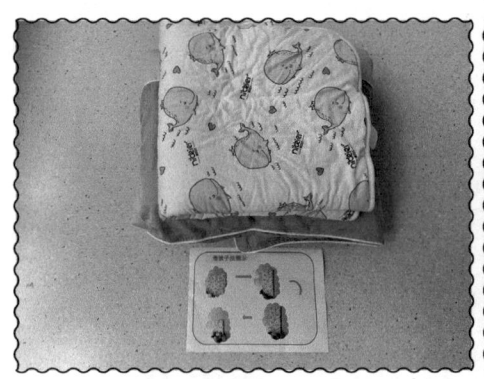

◎ **游戏玩法**：

1. 自主选取一条被子放于小床上。

2. 依据图示，运用卷被子法整理被子。（卷被子法：将被子平整地铺在床上，没有明显的褶皱。对折被子，使两个长边完全重合后将被子直向卷起来，一边卷一边调整，使被子卷得紧实而整齐。）

3. 卷好的被子躺放收纳到

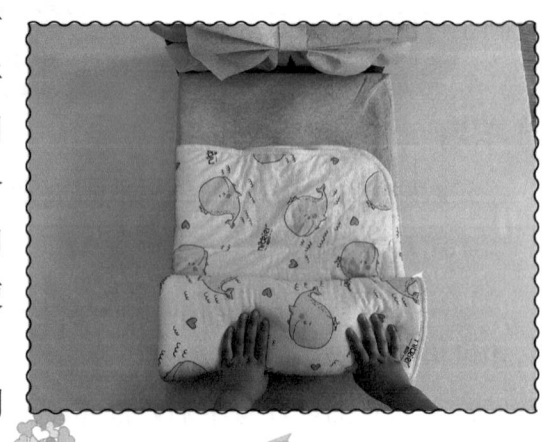

衣柜里。

4. 完成收纳，可再次选取被子进行整理。

5. 游戏结束后，将物品放回原处收拾整齐。

◎ **游戏指导：**

1. 卷被子法不适用于过薄的被子，应提供较厚的被子。

2. 在卷被子过程中提示幼儿用手轻轻按压被子，排出里面的空气，让被子卷得更紧凑。要将被子卷紧，不能过于松。

3. 将卷好的被子收纳时，应提示幼儿要将被边一面压在下面。

五、折叠我在行

◎ **游戏目标：**根据图示，选用对角折叠法、对折折叠法将丝巾、围巾、披肩等配饰收纳整齐。

◎ **游戏准备：**丝巾、围巾、披肩等配饰若干；对角折叠法、对折折叠法示意图；自制衣柜1个。

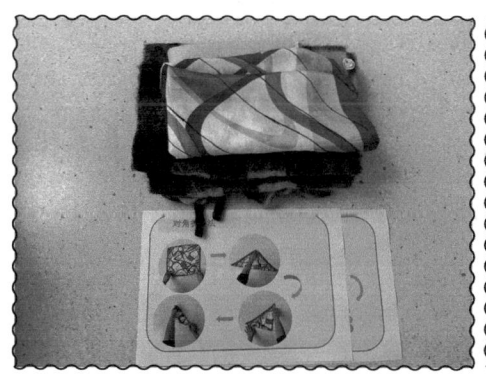

◎ **游戏玩法：**

1. 自主选取一条围巾（丝巾、披肩）放于桌面。

2. 根据所选配饰选择适用的叠法示意图。

3. 依据示意图运用对角折叠法或对折折叠法将所选围巾（丝巾、披肩）折叠整齐。（对角折叠法——以丝巾为例：将丝巾平放在桌面

上，拿起丝巾的一个角向对角方向折叠，使两个角重合形成一个三角形，再将形成的三角形对折，使两边完全重合，根据需要可以多次进行对角折叠，使丝巾的面积进一步缩小。对折折叠法——以围巾为例：将围巾平放在桌面，选取任意一边对折，使两条边完全重合，根据需要可以多次进行对边折叠，使物品的面积进一步缩小。）

4. 将折叠好的围巾（丝巾、披肩）整齐地收纳至衣柜里。

5. 游戏结束后，将材料放回原位。

◎ **游戏指导：**

1. 在折叠过程中，提示幼儿尽量保持折叠的线条平直，避免出现歪斜，也不宜将物品的面积叠得过小，容易散落。

2. 将叠好的物品收纳至衣柜时，提示幼儿要摆放整齐。

3. 对角折叠法适用于正方形物品，对折折叠法适用于各种形状较为规则的物品。对折折叠法在对折时，可根据所需物品形状与大小，灵活选择横向对折或纵向对折。

六、食物收纳

◎ **游戏目标：** 依据任务卡，按照食物类型进行收纳整理。

◎ **游戏准备：** 装有五谷类、生鲜类、熟食类食物图卡的盒子各1个；玻璃盒、玻璃罐、保鲜盒、密封袋等收纳工具各1个；印有不同收纳工具的任务单若干；印有不同收纳工具适宜收纳的食物参照卡若干。

◎ **游戏玩法：**

1. 自主选择一张印有收纳工具的任务单，按照任务单选取收纳工具。

2. 根据收纳工具进行图卡挑选，观察辨别图卡中的物品是否可以用该容器进行收纳，挑选出适合收纳在该容器的物品。

3. 拿出与其类型相对应的参照卡进行查验。

4. 查验完成后，将不适宜该工具收纳的食物图卡，放回原位。

5. 游戏结束后，将所有物品放回原位。

◎ **游戏指导：**

1. 操作前要对幼儿进行安全教育，不要将玻璃容器拿离桌面，保障幼儿游戏安全。

2. 在提供游戏材料时，可根据幼儿情况，适当对游戏材料和任务单进行难易程度调整。

3. 操作前提醒幼儿各容器的使用方法，适当引导幼儿依据已有生活经验进行判断整理。

大班

一、藏起小袖子

◎ **游戏目标**：根据图示，运用袖子隐藏法练习叠毛衣。

◎ **游戏准备**：袖子隐藏法叠衣图示；收纳箱1个；毛衣若干。

◎ **游戏玩法**：

1. 自主在收纳箱中拿出一件毛衣。

2. 观看叠衣方法图示，将毛衣平铺于平面，运用袖子隐藏法将衣服叠好。（袖子隐藏法叠毛衣：毛衣平铺于平面上，将领口向下折。然后沿腋下向下翻折，将衣服下摆向上翻折。一手捏住袖口，一手捏住衣摆向另一侧对折，使两侧袖子与衣摆完全重合。抓住两只袖口将袖子进行对折，并将袖子塞入上方衣摆口中，整理平整即可。）

3. 双手四指在下，拇指在上捏住叠好的衣服的两端，平稳拿

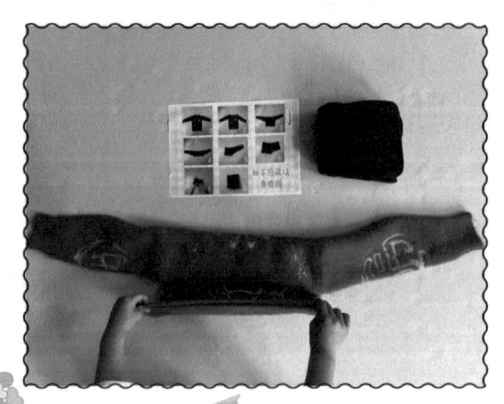

出放置于平面即完成任务。

4. 游戏结束后，将衣服整理好放回原处。

◎ 游戏指导：

1. 幼儿操作过程中，依据情况适时予以指导。

2. 在将领口向下折时，要注意使衣服上方形成一条直线。

3. 在沿腋下向下翻折后，可对两只袖子进行简单整理，使袖子平整置于平面。

二、四季鞋子大分类

◎ 游戏目标：根据场景图，将不同季节的鞋子进行合理收纳。

◎ 游戏准备：带有春秋、夏、冬季节情景图的鞋柜、收纳箱各1个；春秋季鞋、夏季鞋、冬季鞋若干；鞋子季节对应图卡。

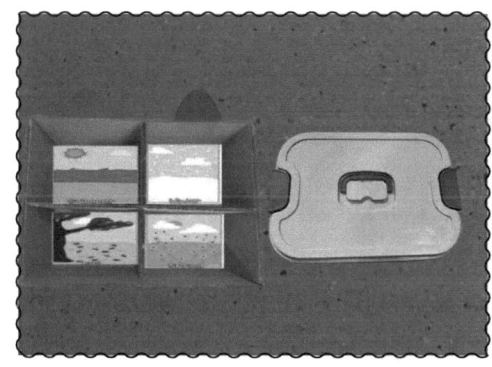

◎ 游戏玩法：

1. 随机在收纳箱中抽取一只鞋子并找到与其对应的另一只鞋子，将收纳箱中的鞋子全部配对并摆放整齐。

2. 根据季节将鞋子分为春秋季鞋、夏季鞋、冬季鞋三类。

3. 对照鞋子季节对应图卡，检查鞋子分类是否正确。对不正确的鞋子进行调整。

4. 鞋子全部分类正确后，将鞋子依次装入合适的鞋盒中并根据鞋柜上的季节情景图提示收纳到相应位置。

5. 游戏结束后，将游戏材料收拾整齐并放回原处。

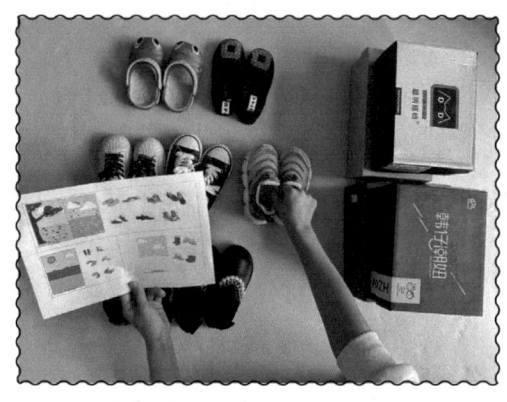

◎ **游戏指导：**

1. 游戏前可对幼儿进行四季常识普及，了解春秋季鞋子大致相同，积累生活经验。

2. 提供的鞋子要尽量丰富，季节特点鲜明。

三、房间规划师

◎ **游戏目标：** 通过合作游戏，合理规划空间，将物品进行摆放并保持场所环境干净整洁。

◎ **游戏准备：** 自制小屋1个；沙发、电视、电视柜、茶几、小凳、桌椅、饮水机等物品模型；小屋规划参考图等。

◎ **游戏玩法：**

1. 找到一个同伴，共同游戏。

2. 与同伴商讨自制小屋空间的规划方案，即物品的摆放位置。（如：在小屋的角落摆放饮水机。）

3. 按照规划方案将物品模型进行摆放。

4. 摆放完毕后，根据小屋规划参考图再次商讨是否需要进行调整。

5. 游戏结束后，将小屋放置展示区，其余材料放回原处。

◎ **游戏指导：**

1. 提示幼儿在商讨时若意见出现分歧，可在操作时寻找最佳摆放位置，切勿争吵。

2. 在摆放物品模型时要轻拿轻放，并且要立放，不要倒放。

3. 小屋规划参考图只作参考，并不是唯一标准答案，成人观察幼儿摆放过程，可适当询问幼儿摆放原因。

四、叠被小能手

◎ **游戏目标：** 根据图示，练习运用矩形法叠被子，将床铺整理整齐。

◎ **游戏准备：** 铺有床单的自制小床1张；被子若干；枕头1个；矩形法图示。

◎ 游戏玩法：

1. 自主选取一条被子放于小床上。

2. 依据图示将被子运用矩形法折叠整齐。（矩形法：将被子平铺在床上，没有明显的褶皱，把被子的两个长边分别向中间对折，使两个长边贴合于最中间位置，被子呈长条状。将长条状被子的两个短边分别向中间对折，使两个短边贴合于最中间位置，再将被子沿贴合线对折。）

3. 整理被子，将被子的边缘对齐。

4. 整理床铺。（被子放于床头，枕头平放在被子上，床单抚平。）

5. 游戏结束后，将材料放回原处。

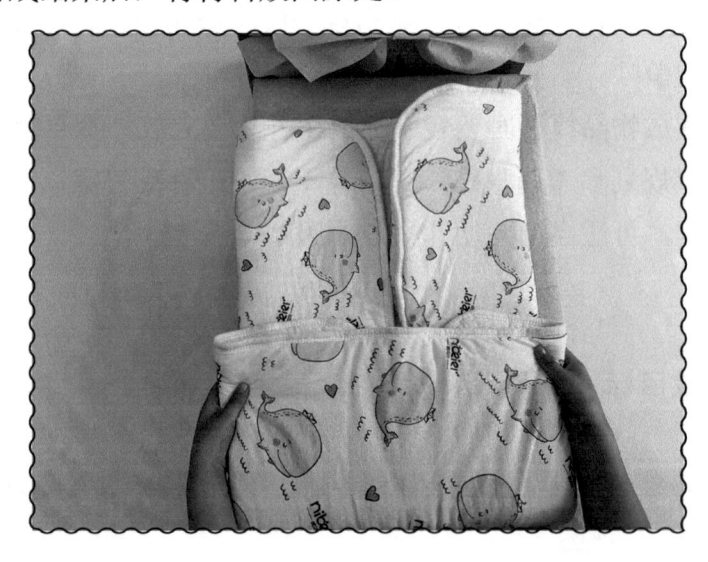

◎ 游戏指导：

1. 提供的被子不宜过大、过厚，要利于幼儿操作。

2. 中间位置对于部分幼儿来说不易找到，游戏初期，可在被子的中间位置画上线。

3. 在幼儿操作中，可提示幼儿每次对折时要尽量对齐边缘，使折痕平直，这样叠出来的被子才会规整。

五、搭配整理我都爱

◎ **游戏目标**：运用组合整理的方法，练习为衣服搭配配饰并成套收纳到整理箱中。

◎ **游戏准备**：各种衣服，眼镜、帽子、围巾等配饰若干；收纳袋若干；整理箱1个。

◎ **游戏玩法**：

1. 根据喜好自主选取一套衣物，包含上衣、裤子和各类配饰。

2. 将选取的衣服与配饰进行摆放搭配，可根据搭配情况进行更换调整。

3. 确定所搭配的衣物后，将需要整理的衣物折叠整齐并将与之搭配的配饰装入同一个收纳袋中。

4. 将收纳袋放进整理箱中，可再次选取衣物进行搭配收纳。

5. 游戏结束后，将物品放回原位。

◎ **游戏指导**：

1. 配饰可为帽子、眼镜、围巾、项链等，尽量减少戒指、耳钉等小件物品。

2. 游戏前期可提供衣服折叠的步骤图和搭配参考图示。

3. 在操作中，提示幼儿每一步的收纳都应整齐而不是随意堆放。

六、整理冰箱

◎ **游戏目标**：判断食物的存放方式，将冰箱收纳整洁。

◎ **游戏准备**：冰箱1台；装有各类仿真食物的盒子1个；篮子1个；密封罐、密封盒等收纳工具若干；食物存放清单若干，清单上印有需要存放的食物。

◎ **游戏玩法**：

1. 自选一张食物存放清单，仔细观察需要存放的食物。

2. 将清单上需要存放的食物按种类进行分类，并选取合适的收纳工具进行收纳。

3. 收纳完成后，将需要冷冻与冷藏的物品按种类与收纳工具大小整齐地摆放到冰箱中，需要常温保存的放进篮子。

4. 所有物品摆放整齐后，可选择下一食物存放清单继续游戏。

5.游戏结束后，将所有物品整理好并放回原位。

◎ **游戏指导：**

1.在提供游戏材料时，可根据幼儿情况，适当对食物存放清单进行难易程度的调整。

2.幼儿操作时，可根据幼儿游戏情况，适当引导幼儿按照已有生活经验进行整理。

3.幼儿在摆放收纳工具时，可按照从大到小的顺序进行摆放，同等大小的需整齐地排成一列摆放至冰箱。

4.注意提醒幼儿冰箱物品需摆放整齐。

第四章 工具使用

小班

一、多样的饭团

◎ 游戏目标：依据图示，学习用多种模具制作饭团。

◎ 游戏准备：煮熟的大米饭 1 盆；饭团模具 1 套；一次性手套若干；盘子 1 个；模具使用方法图示。

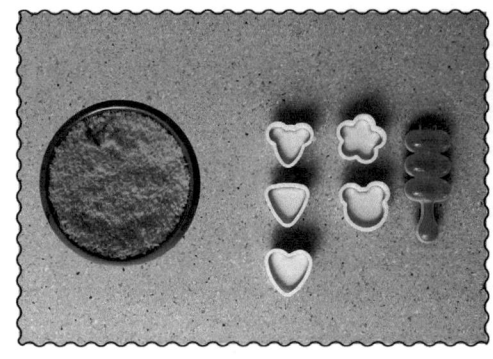

◎ 游戏玩法：

1. 自主选择一个饭团模具，找到与之对应的图示。

2. 双手戴上一次性手套。观看图示，用模具制作饭团。（按压式模具用法：一只手抓住模具下方，另一只手把模具上的盖子掀下来放到平面上，抓取适量的米饭放到模具中，将盖子盖到模具上并进行按压，再次打开模具盖子，将模具倒扣在盘子上，向上提起模具即可。饭团摇摇乐用法：双手分别拿着饭团摇摇乐上下两个手柄，上方的手

向后翻折打开至水平位置，一只手抓取米饭放到其中的一个饭槽中，直至米饭与模具边缘同高为止，反复操作将剩余的饭槽装上米饭，合上模具。一只手同时握住模具上下两个手柄，用力摇晃模具使米饭成型，打开模具，将成型的米饭倒在盘子中即可。）

3. 再次选取一个饭团模具，进行游戏。

4. 游戏结束后，将做好的饭团和剩余的米饭送至娃娃厨房。物品整理好放回原处。

◎ **游戏指导：**

1. 操作前提醒幼儿保持干净卫生，不要将米饭撒在外面，掉落的米饭要及时清理。

2. 注意观察幼儿使用饭团模型的动作是否正确，及时予以指导。

3. 幼儿对放入饭团模型中的米饭量不易掌握，可提供带标记线的饭团模具。

4. 使用摇摇乐模具时，为了使饭团饱满成型，可先左右摇晃再上下摇晃。

5. 小班幼儿清洗模具有一定难度，可适时予以帮助。

二、我会修指甲

◎ **游戏目标**：玩修甲游戏，学习指甲锉的使用方法。

◎ **游戏准备**：指甲锉使用方法示意图；粘有魔术贴钩面的手枕 1

个；指甲锉 1 个；背面粘有魔术贴的毛面双手模型 1 副。

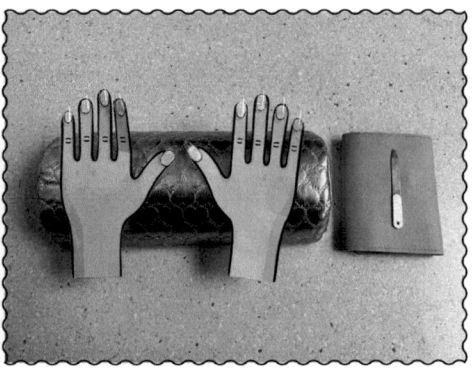

◎ 游戏玩法：

1. 将粘有魔术贴钩面的手枕横向摆放于平面，手模型手指向上放置于手枕上方，使手指伸出手枕，并用魔术贴将手模型进行固定。旋转手枕让指尖朝向自己，指甲锉放于旁边。

2. 观看指甲锉使用方法示意图，用指甲锉把指甲边缘修至平滑有型。（指甲锉使用方法：一手拿起指甲锉手柄，一手捏住一根手指的指甲两侧，使锉身横向对准指甲边缘，以横向移动的方式锉指甲边缘，修至平滑有型即可。）

3. 完成当前指甲的修型后，依次对手部其他指甲进行打磨。

4. 游戏结束后，将材料收拾整齐并放回原处。

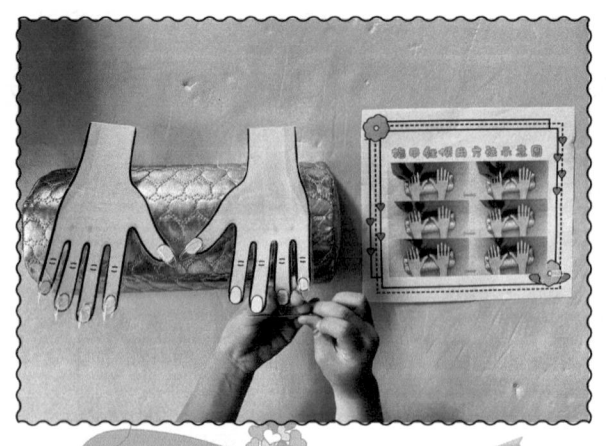

◎ 游戏指导：

1. 指甲锉要横向使用，不可竖向使用。

2. 使用过程中不要用力过猛，以免损伤指甲或指甲周围的皮肤。

3. 适时提醒幼儿指甲锉不需要每天使用，要根据个人指甲生长速度和需要进行适度修整。

4. 定期检查指甲锉的磨损情况，必要时更换新的指甲锉。

三、我会用勺子

◎ 游戏目标：根据图示，学习餐勺的使用方法，能够舀块状的固体食物。

◎ 游戏准备：勺子使用方法示意图；标有不同数量块状食物的任务单若干；餐勺1把；块状食物若干；小碗若干。

◎ 游戏玩法：

1. 自主选取一张标有不同数量食物的任务单。

2. 根据任务单要求，用餐勺舀出相应数量食物。（餐勺的使用方法：握住餐勺柄的中后部，大拇指朝上，与其他四指配合握住勺子，手心微微向上拱起，让餐勺在手中较为稳

定。对准碗口手腕带动手掌转动使其大拇指朝下，缓慢将餐勺插入食物转至勺口朝上，舀起时手臂与手腕保持平稳将餐勺提起，手臂要保持平稳，将食物舀至空碗中。)

3. 完成后品尝食物，可多次重复操作。

4. 游戏结束后，冲洗餐勺、碗等器具，将游戏材料收拾整齐并放回原处。

◎ **游戏指导：**

1. 游戏前要对幼儿进行安全教育，勿将食物塞入鼻子、耳朵中，确保幼儿安全。还要提示幼儿将手洗净，提供的游戏材料要确保干净可食用。

2. 使用餐勺舀食物时，注意观察幼儿勺的使用方法是否正确，及时予以指导。

3. 用勺舀运食物时手臂与手腕要保持平稳，确保食物中途不撒落。

四、香蕉派对

◎ **游戏目标：** 将香蕉切成片，练习使用多功能香蕉切片器。

◎ **游戏准备：** 多功能香蕉切片器、盘子、垃圾桶各 1 个；香蕉若干；多功能香蕉切片器使用步骤图。

◎ 游戏玩法：

1.将多功能香蕉切片器、香蕉等材料放置桌面。

2.剥掉香蕉皮，将香蕉皮放入垃圾桶中。

3.依据多功能香蕉切片器使用步骤图，用多功能香蕉切片器将香蕉切成片。（多功能香蕉切片器的使用方法：一手握住多功能香蕉切片器的手柄处，使钢片处朝上；一手将所切物横穿进多功能香蕉切片器的空洞中并伸出多功能香蕉切片器一部分，用力捏多功能香蕉切片器的手柄，使香蕉切成片。）

4.将切好的香蕉片倒至盘中进行品尝。

5.冲洗多功能香蕉切片器并将材料放回原处。

◎ 游戏指导：

1.要对幼儿进行使用多功能香蕉切片器的安全教育，不要将手放入切片器的孔洞中。

2.游戏前提示幼儿把手洗干净，也可提供一次性手套。

3.注意观察幼儿使用多功能香蕉切片器的方法是否正确，及时予以指导。

4.切片和冲洗过程中，提示幼儿握住手柄的手不要离多功能香蕉切片器的空洞太近，以免切到手。

5.除了香蕉还可为幼儿提供火腿肠、黄瓜等长条易切食物进行操作。

五、筛一筛

◎ **游戏目标**：通过筛物游戏，练习使用筛子将两种颗粒状农作物进行分离。

◎ **游戏准备**：筛子、盆各1个；贴有农作物照片的空瓶若干；混装两种颗粒状农作物若干盒。

◎ **游戏玩法**：

1.自主选取一盒混装两种颗粒状的农作物。

2.筛子正面朝上放在空盆中，将选取的混装两种颗粒状的农作物倒在筛子中。

3.用筛子将其进行分离，使大的颗粒状农作物留于筛子中，小的则漏至盆中。（筛子的使用方法：双手握住筛子的边缘，拇指在上，其余四指在下，将筛子端起一定高度，双手轻轻晃

动,所筛的物品在筛子里滚动,使小颗粒的物品或杂质在筛孔中漏出,较大颗粒物品留在筛中)。

4. 分离完成后,将筛子和盆中的农作物分别装进与其对应的空瓶中。

5. 游戏结束后,将所有材料整齐地放回原处。

◎ **游戏指导:**

1. 每个盒子里的农作物要大小分明,确保一种可漏出筛子,一种漏不出;不宜过多,最好不超过筛子容量的三分之二,避免堵塞筛孔,影响筛选效果。提供的盆子要比筛子大,便于操作。

2. 在筛的过程中,提示幼儿要对准盆子轻摇、轻晃,使筛选物能够均匀地分布在筛面上,让小颗粒顺利通过筛孔。

3. 筛选完成后要提醒幼儿及时清理筛子,将留在筛面上的大颗粒物质清除,以便下次使用。

六、防风夹的妙用

◎ **游戏目标:** 练习使用防风夹晾晒玩偶,学习防风夹的用法。

◎ **游戏准备:** 晾衣架1个;防风夹若干;玩偶、任务单若干;防风夹使用方法图示。

◎ 游戏玩法：

1.任意选取一张任务单，按照任务单要求选择相对应的玩偶和防风夹。

2.根据防风夹使用方法图示，用防风夹将玩偶晾在晾衣架上。（防风夹的使用方法：一手拇指按住夹子夹头一侧，其余四指按住夹子另一侧，拿起防风夹，五指向中间用力挤压，使防风夹开口打开至可以放进所需晾晒的物品。把物品放进防风夹夹口夹好后，手松开防风夹尾部，使其完全闭合，确保将所晾晒的物品固定。）

3.将选择任务单中的玩偶晾晒好后，可选择下一任务单继续游戏。

4.游戏结束后，将所有物品全部放回原位。

◎ 游戏指导：

1.在提供游戏材料时，防风夹和玩偶的数量可根据实际情况提供。

2.在游戏前进行安全教育，不要将手伸进防风夹开口，以免将手夹伤。

3.操作时提醒幼儿运用手指的力量将防风夹开口打开，将晾衣绳放进开口中。晾晒玩偶时，如果玩偶身上有可以挂的绳子、环扣（比如有些玩偶在脖子或者背部有挂绳），也可以利用这些部分。对于没有这些部件的玩偶，尽量选择比较厚实的边缘部分，如玩偶的耳朵、

尾巴等相对结实的部位来夹,避免夹坏玩偶。

4.夹好后用一只手轻轻拉一下,试验一下夹得是否牢固,注意提醒幼儿不要太过用力。

七、煎个鸡蛋吧

◎ **游戏目标**:练习用平底锅做煎蛋,学习平底锅的使用方法。

◎ **游戏准备**:平底锅1个;锅铲1把;仿真煎蛋、盘子、任务单若干;平底锅使用方法图示1张。

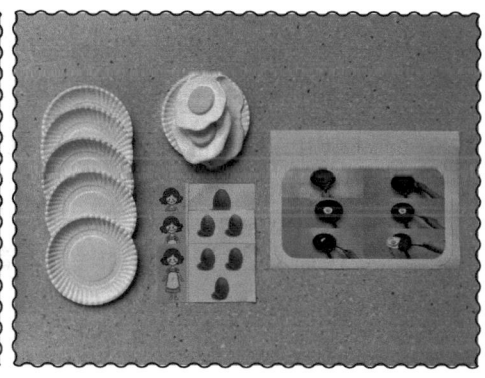

◎ **游戏玩法**:

1.任意选取一张任务单,按照任务单要求的数量,选取需要加热的"煎蛋"。

2.根据平底锅使用方法图示,学习平底锅的使用方法,为小客人加热"煎蛋"。(平底锅的使用方法:一手拿锅铲,另一只手四指弯曲放在平底锅手柄下方,手指与手柄贴合,拇指搭在其余四指上握住手柄。当食材定型后,可双手握住手柄,将平底锅拿起以从左到右或从前向后的方式来回

晃动几次，使食材离开原有位置，防止食材粘锅。当食材需要翻面时，可以借助铲子从食物边缘插入，轻轻抬起食物，完整地翻过来，保证两面都能煎均匀。）

3. 完成加热后，可再次选取一张任务单进行游戏。

4. 游戏结束后，将所有物品全部放回原位。

◎ **游戏指导：**

1. 在提供游戏材料时，可根据幼儿情况提供适合的平底锅及锅铲。

2. 在游戏前进行安全教育，在使用平底锅和锅铲时不要对准自己或他人，操作时，握紧手柄防止平底锅意外掉落，保障幼儿游戏安全。

3. 晃动时，运用手腕的力量轻轻抖动，使食材移动，注意力度适中，避免食材撒出。翻面时，注意一只手扶稳平底锅手柄，另一只手借助锅铲从食材一侧缓慢插入，防止将食材推至锅外。

4. 游戏后要将平底锅和锅铲清洁干净，用水冲洗后，及时擦干并晾晒，防止生锈。

八、锯木建巢

◎ **游戏目标：** 根据图示，学会手锯的使用方法，将长木棍锯成相同的两段。

◎ **游戏准备：** 手锯使用方法图示；手锯、垫板各1个；护目镜1副；画有标注线的长木棍若干根；防护手套1副。

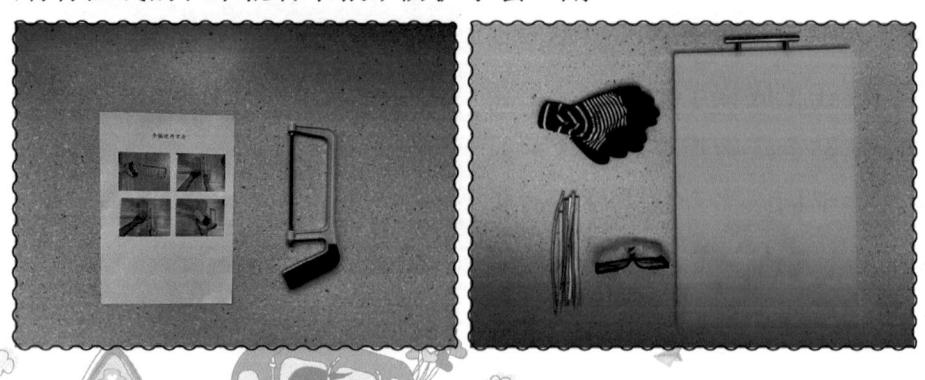

◎ 游戏玩法：

1. 戴好防护手套和护目镜，将手锯及长木棍放到垫板上。

2. 根据图示学习手锯的使用方法，将长木棍按标注线锯成两段，为帮助小鸟做鸟巢做准备。（手锯的使用方法：将所锯材料放到垫板上，画有长度标识的一半悬空，标识与垫板间隔四指距离。一只手紧紧扶住材料放在垫板的部分，另一只手四指握住手锯手柄，拇指搭在手柄上方。将锯条放到木条的长度标识处，确保锯条与木条表面垂直，轻轻前后推拉手锯，锯出一个小的切口作为起始点。将锯条放入切口后仍然要保持锯条与木条的垂直，推锯时适当用力，拉锯时可以稍微减小一些力量，重复操作，直到将木条锯断。）

3. 将一根木棍锯断后，可继续根据为小鸟搭建鸟巢的需要锯切其他的长木棍。

4. 游戏结束后，将木屑收拾干净扔到垃圾桶，全部材料整齐地放回原位。

◎ 游戏指导：

1. 在游戏前提醒幼儿，不要用手触碰锯条。锯木棍时，手要放到安全位置，以免受伤。

2. 操作过程中，尽量保持锯条直线运动，如果发现锯偏了，可以尝试旋转木棍，在切口的反方向进行锯切。

3.如果锯条被卡住，不要强行推拉，应先停止操作，检查原因并排除问题后再继续操作。

4.在操作快要结束时，要减轻锯切的力度，避免用力过猛导致木棍末端崩裂。

九、卫生小卫士

◎ **游戏目标**：根据图示，学习迷你小拖把的使用方法，用迷你小拖把清洁桌子。

◎ **游戏准备**：迷你小拖把1个；迷你小拖把使用方法图示；装有水的盆；有污渍的桌子1张。

◎ **游戏玩法**：

1.将装好适量水的盆放到地面，拿出迷你小拖把。

2.仔细观看迷你小拖把使用方法的图示，拯救被污渍污染的桌面。（迷你小拖把的使用方法：将迷你小拖把的棉头充分浸泡到水中，待湿透后将拖把拿出，一手握住迷你拖把手柄处，另一只手的食指勾住拉环向上拉，将水挤干，再将拉环推回原处。一只手扶住桌子，另一只手将迷你小拖把的柄部上端握在手中，拖把棉头部分贴合桌面反复推拉进行清洁，直到将桌面清洁干净。）

3.清洁完成后,将迷你小拖把棉头一端用清水清理干净并挤干水分,将小拖把及其他工具整齐地摆放至指定位置。

◎ **游戏指导:**

1.在操作前提醒幼儿不要将水洒出、不要玩水。

2.游戏前要对幼儿进行安全教育,不要滑倒。

3.小班幼儿力量较弱,可根据幼儿实际情况予以帮助,游戏后期可根据幼儿能力让幼儿自行接水。

4.注意观察幼儿拿拖把的姿势是否正确,及时予以指导。

十、我来削一削

◎ **游戏目标**:根据图示,学习多功能刮皮器的使用方法,将较硬的蔬菜皮削干净。

◎ **游戏准备**:一次性手套若干;多功能刮皮器、迷你垃圾桶、盘子各1个;干净的黄瓜、胡萝卜等带皮的长条蔬菜若干;使用多功能刮皮器的步骤图。

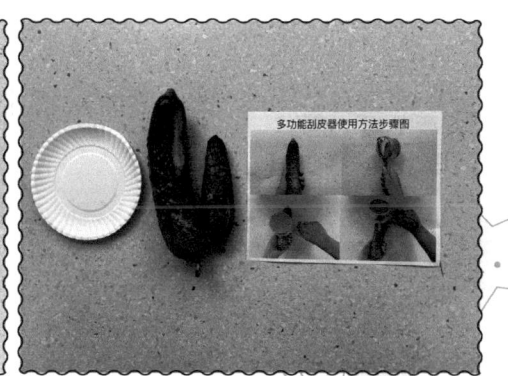

◎ 游戏玩法：

1. 将一次性手套佩戴整齐。

2. 自主选择一种蔬菜。

3. 依据图示，使用多功能刮皮器将蔬菜皮削干净。（多功能刮皮器的使用方法：左手握住果蔬，让果蔬保持稳定，防止滚动。右手五指握住多功能刮皮器的手柄，将刃口对准果蔬，轻轻用力，使多功能刮皮器的刃口切入果蔬表皮，随着削皮的进度不断调整果蔬角度，直至将皮削完。）

4. 将削好的蔬菜放进盘子里，打开多功能刮皮器的储存仓，将皮倒进迷你垃圾桶里。

5. 游戏结束后，清洗多功能刮皮器，将削好的蔬菜作为厨房食材。其余材料放回原位。

◎ 游戏指导：

1. 在操作前要对幼儿进行安全教育。（多功能刮皮器有锋利的刀片。使用前要检查刀片是否安装牢固，避免在削皮过程中刀片松动而导致意外划伤；在使用时，手指要远离刀片的切割路径，同时保障自身安全。）

2. 注意观察幼儿使用多功能刮皮器的方法是否正确，及时予以指导。

3. 削皮过程中，提示幼儿刮皮器要保持适当的深度，太浅削不到皮，太深会造成蔬菜的浪费。

中班

一、各式的月饼

◎ **游戏目标**：根据图示，练习使用月饼模具，制作花式多样的月饼。

◎ **游戏准备**：月饼剂子若干；带多种花片的月饼模具1套；案板1个；月饼模具使用方法图示。

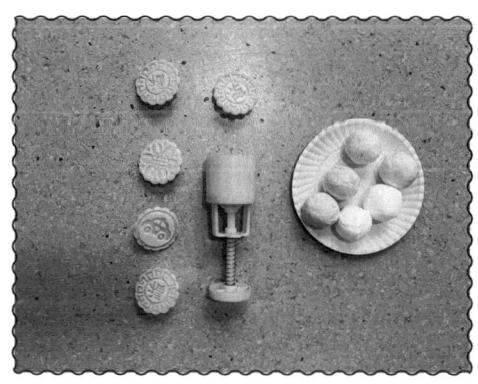

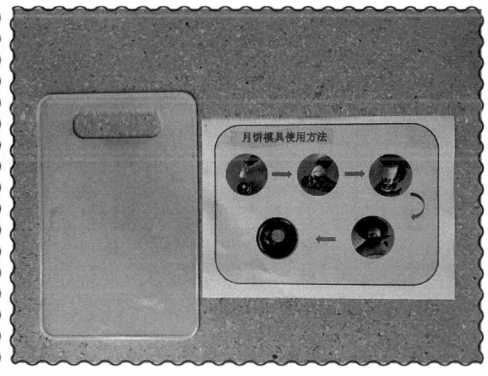

◎ **游戏玩法**：

1. 洗净双手，自主选取一个模具花片，按照图示，将其安装到月饼模具上。（安装方法：花片对准模具口，将其按压到压模器中，花片卡扣对准模具卡口，顺时针旋转手柄将卡扣固定到卡口内即可。）

2. 拿取一个月饼剂子放入月饼模具内，把月饼模具竖直平放在案板上，向下用力按压手柄将月饼推出模具即可。

3. 观看图示，更换其他花片，再次用模具制作月饼。（更换方法：一只手用力顶住模具中的花片，另一只手逆时针旋转手柄，使花片卡扣脱离卡口，拿出花片安装其他花片即可）。

4. 重复操作上述步骤进行游戏。

5. 游戏结束后，将做好的月饼和剩余的剂子送至娃娃厨房。清洗模具，其余操作材料放回原处。

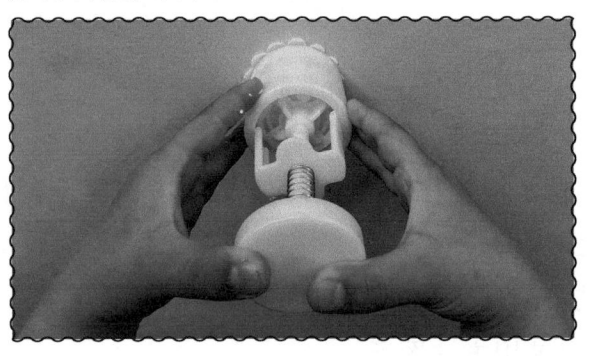

◎ **游戏指导：**

1. 操作前要对幼儿进行用月饼模具的安全教育，防止安装、替换模具花片时夹到手。

2. 注意观察幼儿使用月饼模具时的动作是否正确，及时予以指导。

3. 提醒幼儿在月饼脱模用力向下按压的同时向上轻轻提起模具。

4. 模具中只能一次放一个剂子，不可同时放入多个。

二、小小打磨家

◎ **游戏目标：** 根据示意图，学习砂纸的使用方法，用砂纸将物品边缘打磨平整。

◎ **游戏准备：** 石膏娃娃模型若干；砂纸使用方法示意图；毛刷1把；砂纸1张；护目镜、手套各1副；抹布1块。

◎ 游戏玩法：

1. 自主选取一个石膏娃娃模型，戴好防护手套与护目镜。

2. 观看砂纸使用方法示意图，用砂纸将石膏娃娃模型边缘打磨平整。（砂纸使用方法：将砂纸的摩擦面朝上平铺于手掌，用大拇指轻轻按压固定，确保砂纸平整且不易滑落。一手握紧需打磨的物品，使其需要打磨的边缘朝上。转动持有砂纸的手掌，使大拇指朝下，砂纸的摩擦面朝向需要打磨的物品边缘。轻轻进行摩擦，一边摩擦一边观察打磨程度，直至打磨光滑平整即可。）

3. 打磨完成后，用刷子清理石膏娃娃表面，扫除磨屑。

4. 游戏结束后，用抹布擦干净撒落的磨屑并将游戏材料收拾整齐放回原处。

◎ 游戏指导：

1. 在提供砂纸时，可将砂纸剪裁成便于幼儿操作的大小。

2. 打磨过程中，均匀施力，不要用力过猛，以免损伤材料或留下深痕。

3. 使用后的砂纸应及时清理，如果砂纸磨损严重，及时更换。

4. 在打磨时，要注意使用方法和角度，避免磨伤手。

三、我会用漏勺

◎ 游戏目标：根据图示，学习使用小漏勺将火锅中的食物捞出。

◎ 游戏准备：小漏勺使用方法示意图；装有若干仿真食物的火锅1个；小碗若干；小漏勺1个。

◎ 游戏玩法：

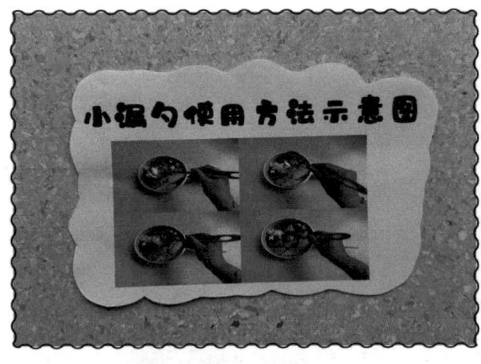

1. 取出装有仿真食物的火锅、小漏勺等操作材料放于桌面。

2. 根据小漏勺的使用方法示意图，将小漏勺对准锅口轻轻转动手臂使漏勺倾斜浸入液体中，捞起火锅食物。离开水面后轻轻晃动使水通过漏勺孔洞快速漏出，最后将食物倒至碗中。（小漏勺的握持方法一：拇指自然伸展，放在漏勺手柄的一侧。食指弯曲，与拇指相对，共同夹住漏勺手柄。中指、无名指和小指自然弯曲，轻轻托住手柄下方。手腕微微弯曲，保持自然放松的状态，不要过度弯曲或伸展。可以根据需要灵活调整手腕的角度，以便更好地控制漏勺的方向和位置。方法二：整个手掌紧紧握住漏勺手柄，手指尽量贴合手柄表面。拇指可以放在手柄的一侧，也可以与其他手指一起环绕手柄。手腕可以稍微挺直一些，以增加握力和稳定性。如果需要更大的力量，可以稍微弯曲手腕，将力量集中在手部。方法三：拇指和食指轻轻捏住漏勺手柄的末端，其他手指自然弯曲。捏的力度要适中，既不能太松导致漏勺滑落，也不能太紧影响手部的灵

活性。手腕保持自然放松，根据需要可以轻轻转动手腕来调整漏勺的角度。这种拿法比较适合进行精细的操作，如从酱料中捞出小块的调料。）

3.游戏结束后，将游戏材料收拾整齐并放回原处。

◎ **游戏指导：**

1.游戏后期可为幼儿提供其他种类需要用漏勺捞出的仿真食物场景，如水饺、汤羹、炸薯条等。操作前要对幼儿进行安全教育，勿将仿真食物塞入鼻子、耳朵、嘴巴中，确保幼儿安全。

2.捞食物时，注意提醒幼儿使用漏勺的方法是否正确，及时予以指导。

3.适时提醒幼儿一些使用漏勺小技巧，如小漏勺放入锅中后可轻轻搅拌使食物聚集在漏勺中，然后再平稳地捞出。还可以一只手拿小漏勺，另一只手可以用勺子辅助将食材引导到漏勺中。

4.捞起与送出时手臂保持平稳，中途不洒落。送出前要尽量将水沥净。

四、好喝的柠檬水

◎ **游戏目标：** 根据图示，学习使用柠檬切片器，将柠檬切成片。

◎ **游戏准备：** 柠檬切片器、案板各1个；儿童水果刀1把；装有蜂蜜水水杯2个；清洗干净的柠檬若干；使用柠檬切片器的步骤图。

◎ 游戏玩法：

1. 将柠檬切片器、案板等材料放置于桌面。

2. 自主选取一个干净的柠檬。

3. 依照柠檬切片器的步骤图，用柠檬切片器将柠檬切成片。（柠檬切片器的使用方法：一手握住柠檬切片器的手柄靠近夹口处。一手将果蔬横放在夹口中，让果蔬与夹口充分接触。握住手柄的手指用力，使切片器固定住果蔬并放在案板上不动。用刀沿着夹口的齿缝处依次切割，直至完成。）

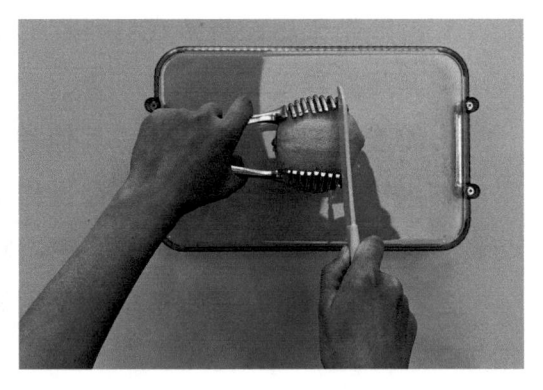

4. 打开柠檬切片器，取出柠檬片放在案板上。

5. 拿取1～2片柠檬片放入装有蜂蜜水的杯子中，浸泡一会儿便可饮用。

6. 游戏结束将剩余的柠檬片放于有阳光处晒干，清洗用具后，将材料放回原处。

◎ 游戏指导：

1. 游戏前提示幼儿将双手洗净。

2. 提示幼儿不要将手靠近刀刃和放于柠檬切片器夹口上。

3. 在操作过程中注意观察幼儿使用柠檬切片器的方法是否正确，及时予以指导。

4. 切片时提醒幼儿将柠檬夹紧，并且刀要沿着齿缝切下至底部。

五、玉米脱粒器

◎ 游戏目标：通过脱粒游戏，学习使用玉米脱粒器将玉米粒与玉

米棒进行分离。

◎ **游戏准备**：玉米脱粒器、塑料桶各1个；玉米若干。

◎ **游戏玩法**：

1. 将玉米脱粒器、塑料桶等材料摆至桌面。

2. 拿取一根玉米。

3. 使用玉米脱粒器将玉米粒从玉米棒上脱离下来。（玉米脱粒器的使用方法：一手扶住脱粒器，一手将玉米的一端垂直插进脱粒器口中，并握住玉米的另一端，往下按的过程中转动手腕，带动玉米反复旋转，使玉米粒脱下。当插进脱粒器的玉米的一端碰触到脱粒器的底端时，拔出玉米，将玉米的另一端插进脱粒器口中，用同样的方式，将玉米粒继续脱离，直至将玉米粒全部从玉米棒上脱离下来。）

4. 拔出玉米棒，打开玉米脱粒器，将玉米粒倒入塑料桶中。

5. 结束后，将材料整理好放回原处。

◎ **游戏指导**：

1. 游戏前要对幼儿进行使用玉米脱粒器的安全教育，不要将手指伸进玉米脱粒器的口中。

2. 在操作过程中，提示幼儿旋转玉米的手要随时调整位置，不要距离刃口太近。

3. 分离下来的玉米粒可送至食堂备用。

六、发夹的魔法

◎ **游戏目标**：练习使用抓夹、弹簧夹、锯齿一字夹为芭比娃娃装饰头发，学习发夹的使用方法。

◎ **游戏准备**：抓夹、弹簧夹、锯齿一字夹若干；梳马尾辫的芭比娃娃1个；抓夹、弹簧夹、锯齿一字夹使用方法图示各1张。

◎ **游戏玩法**：

1. 将芭比娃娃拿起，让其坐在桌面上。

2. 自主选择一种夹子，根据所选夹子对应的使用方法图示，学习发夹的使用方法，为芭比娃娃做发型装饰。（抓夹的使用方法：一手拇指按住夹头一侧，食指、中指按住夹头另一侧，拿起抓夹，另一手扶住头发，三指向内按压抓夹两侧的弹性部分，使抓夹的齿能够张开足够大，方便头发放入。将抓夹的齿对准头发根部，从头发的末端开始插入，慢慢往发根方向移动，确保抓夹能够抓住足够多的头发。弹簧夹的使用方法：双手拇指和食指分别捏住发夹的两端，双手拇指轻

轻按压将夹子打开,把夹子的开口对准头发,然后松开手指,让夹子夹住头发。确保能够牢固地夹住头发,不会轻易掉落。锯齿一字夹的使用方法:一只手扶住碎发,另一只手拿起锯齿一字夹,让有锯齿的一面朝向头发。拇指、食指按压夹头,将开口打开,夹子从碎发的发尾开始插入,使夹子与头皮大致贴合,慢慢向上推,直到把碎发固定。)

3. 一个夹子进行装饰完成后,可再次选取夹子继续进行装饰,直到满意为止。

4. 游戏结束后,将所有物品全部放回原位。

◎ **游戏指导:**

1. 在提供游戏材料时,各种发夹可以根据实际情况提供。

2. 在游戏前进行安全教育,不要将手伸进夹子开口,以免将手夹伤。

3. 操作时提醒幼儿运用手指的力量将发夹开口打开,要注意力度适中,确保发夹能够牢固地夹住头发,不会轻易掉落。

4. 装饰头发时,可先用抓夹将头发进行梳理,再用其他夹子进行装饰。

七、有魔法的砂锅

◎ **游戏目标:** 练习用砂锅煲汤,学习砂锅的使用方法。

◎ **游戏准备:** 红枣、银耳、雪梨、冰糖等吊梨汤食材若干;砂锅1个;汤勺1把;水1瓶;碗若干;制作吊梨汤步骤图、砂锅使用方法图示各1张。

◎ 游戏玩法：

1. 用双手紧紧握住砂锅的锅耳，将双手的拇指放在锅耳的上方，其余手指自然地弯曲并放在锅耳的下方，双手均衡施力，平稳地端起砂锅，将砂锅放到桌面上，其余物品放在砂锅旁边。

2. 根据砂锅使用方法图示，学习砂锅的使用方法，为煲吊梨汤作准备。（砂锅的使用方法：将砂锅放在炉灶上，用小火预热让砂锅均匀受热。向砂锅里依次加入需要煮制的食材和水。在烹饪过程中，借助汤勺搅拌食物，避免食材粘在砂锅内壁。）

3. 煲吊梨汤时，依据步骤图依次加入需要煮制的雪梨、红枣，加入稍微没过食材的清水并盖好盖子，进行煮制，中途借助汤勺搅拌几次后再慢煮一会，在出锅前放入冰糖、枸杞，盖上盖子焖上片刻。冰糖融化后，将煲好的吊梨汤盛到碗里享用。

4. 游戏结束后，将所有物品放回原位。

◎ 游戏指导：

1. 在提供游戏材料时，可根据幼儿情况提供适合的砂锅。

2. 在游戏前进行安全教育，在使用汤勺时不要对准自己或他人，操作时，不要用双手触摸砂锅，防止砂锅倾斜或意外掉落，保障幼儿游戏安全。

3. 按任务单要求依次放入相应食材，用汤勺搅拌时，注意力度适中，避免食材溅出。

4. 游戏后要将砂锅和锅铲清洁干净，用水冲洗后，及时擦干并晾晒。

八、小木匠

◎ 游戏目标：根据图示，学会手锯的使用方法，为制作相框准备材料。

◎ 游戏准备：手锯使用方法图示；手锯、垫板、小木匠头饰各1个；护目镜1副；画有长度标识的木条4根；防护手套1副。

◎ 游戏玩法：

1. 拿起小木匠头饰戴到头上，戴好防护手套和护目镜，将手锯及木条放到垫板上。

2. 根据图示，正确使用手锯将画有长度标识的长木条锯成短木条，为制作相框作准备。

3. 一块木条切完后，根据做相框所需木条，可再次选择木条进行切割。

4. 游戏结束后，将木屑收拾干净扔到垃圾桶，全部材料整齐地放回原位。

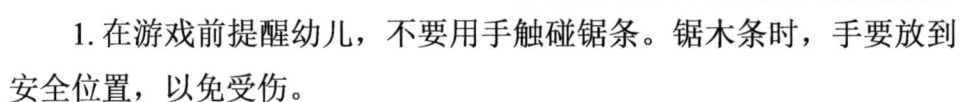

◎ **游戏指导：**

1. 在游戏前提醒幼儿，不要用手触碰锯条。锯木条时，手要放到安全位置，以免受伤。

2. 操作过程中，要注意观察锯条是否垂直于木条，如果锯条歪斜，要缓慢回正。

3. 在操作快要结束时，要减轻锯切的力度，避免木条突然断裂，将手割伤。

4. 锯条使用后，要及时清理上面的木屑，防止锯条生锈或损坏。

九、拖地小能手

◎ **游戏目标：** 根据图示，学习海绵拖把的使用方法，将迷你屋地面污渍清理干净。

◎ **游戏准备：** 海绵拖把1个；围裙1件；海绵拖把使用方法图示；装好水的水桶、标有刻度的盆各1个；迷你屋等。

◎ 游戏玩法：

1. 将围裙穿好。

2. 把盆放到地面上，将桶里的水倒入盆中至水位线处。仔细观看图示，学习海绵拖把的使用方法，帮助妈妈清理迷你屋的地面。（将拖把的棉头充分浸泡到水中，待湿透后将拖把拿出，一手握住拖把柄，另一只手握住脱水手把向上拉，将水挤干。）

3. 采用竖直拖的姿势清理地面。（双脚与肩同宽，海绵拖把放置于身体前方，一只脚向前迈一步距离，身体微微前倾，双手握住拖把杆，一手在上一手在下，双手间隔半臂距离，前后移动拖地。）

4. 地面清洁完成后，将海绵拖把棉头一端用清水清理干净并挤干水分，将海绵拖把及其他工具整齐地摆放至指定位置。

◎ 游戏指导：

1. 游戏前要对幼儿进行安全教育，提示幼儿拉手柄时小心夹手。

2. 海绵拖把杆的长度要根据幼儿身高适度调节，以免过长或过短，影响幼儿操作。

3. 游戏时可提醒幼儿不要玩水，以免将自己的衣服弄湿。

4. 注意观察幼儿拿拖把及拖地的姿势是否正确，及时予以指导。

5. 操作过程中可提示幼儿按照从里往外的顺序进行擦拭，确保每个区域都能被彻底清洁。

十、果皮削削乐

◎ **游戏目标**：根据图示，学习削皮刀的使用方法，将水果皮削干净。

◎ **游戏准备**：削皮刀使用方法图示；削皮刀1个；梨、苹果各2个；盘子若干；客人所需水果种类的任务单。

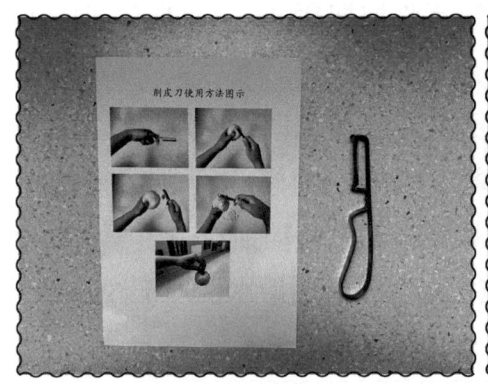

◎ **游戏玩法**：

1. 自选一张客人所需水果种类任务单，并选择与任务单相对应的水果放到桌面上。

2. 根据图示，学习削皮刀的使用方法，将与任务单相对应的果皮削干净。（削皮刀的使用方法：一只手手掌自然张开，手指放松，将削皮刀手柄置于手掌中，四指自然弯曲握住手柄，拇指轻轻地搭在手柄上，另一只手拿起水果。将削皮刀的刀口对准水果的顶部，轻轻用力，使削皮刀的刀口切入水果皮，顺着水果表皮向下削，重复操作直到将果皮削干净。）

3. 果皮削干净后，将水果放入盘中。操作结束后，可继续选择任务单为客人削水果皮。

4. 游戏结束后，把水果皮收干净扔到垃圾桶中，削皮刀冲洗干净后，将全部材料整齐地放回原位。

◎ **游戏指导：**

1. 在游戏前提醒幼儿，不要用手触碰刀口。在削皮过程中，手要放到安全位置，以免划伤。

2. 在操作过程中提醒幼儿将刀口切入食材时力度不要过大，以免将可食用部分削掉，造成浪费。

3. 如果刀刃被果皮堵塞，需要将果皮清理干净，再继续操作，可根据幼儿实际情况适当给予帮助。

大班

一、寿司卷卷乐

◎ **游戏目标**：依据图示，使用卷帘练习制作寿司。

◎ **游戏准备**：煮熟的米饭1盆；卷帘、盘子各1个；一次性手套若干；胡萝卜条、香肠条、黄瓜条、海苔片若干；沙拉酱1袋；卷帘使用方法图示。

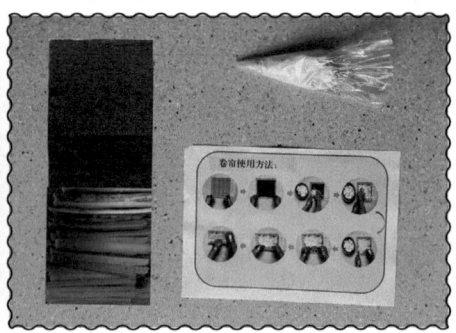

◎ **游戏玩法**：

1. 双手戴上一次性手套，把卷帘平铺到平面上。

2. 观看图示，用卷帘制作寿司。（制作方法：拿取一张海苔片平铺到卷帘上，一只手抓取米饭放到海苔上，两只手将海苔上的米饭向外揉开，再次抓取米饭，重复上述动作直至米饭铺满海苔。在自己胸前一侧的米饭挤上沙拉酱，再分别拿取香肠条、胡萝卜条、黄瓜条放在上面。两只手的大拇指分别放在卷帘一侧的下方，其他手指拢压住馅料，向前翻滚卷

帘，将其卷起来即可。）

3. 将卷好的寿司放到盘子中。

4. 再次选取材料重复上述操作进行游戏。

5. 游戏结束后，将做好的寿司和剩余的米饭送至娃娃厨房，材料整理好放回原处。

◎ **游戏指导：**

1. 操作前要提醒幼儿观察海苔的纹路，海苔的粗糙面朝上，竖条纹对着自己摆放。

2. 注意观察幼儿使用卷帘时的方法是否正确，及时予以指导。

3. 提醒幼儿每次拿取一张海苔片平铺在卷帘上。

4. 米饭铺在海苔片上时不要某处过厚或过薄，使其均匀地平铺在海苔片上。

5. 卷帘卷好后，双手可握住卷帘一段时间，使寿司更易成型。

二、打磨我能行

◎ **游戏目标：** 根据示意图，学习打磨石的使用方法，用打磨石为生锈的工具打磨和抛光。

◎ **游戏准备：** 打磨石使用方法示意图；生锈铁网 1 片；生锈的铁铲 1 把；装有水的小水桶 1 个；软布、打磨石各 1 块；工具手套 1 副。

◎ 游戏玩法：

1. 自主选取一个生锈的物品。

2. 观看打磨石的使用方法示意图，戴好工具手套用打磨石将生锈物品进行打磨抛光。（打磨石使用方法：打磨石放置于地面，用手撩起少量的水于打磨石表面使其湿润。一手按住打磨石，一手拿取生锈物品，将需打磨位置倾斜或平放于打磨石上，用力压住物品并前后移动进行打磨。反复操作使生锈处打磨到光滑无锈即可。）

3. 打磨完成后，用软布清理表面，将锈渍擦干净。

4. 游戏结束后，将游戏材料收拾整齐放回原处。

◎ 游戏指导：

1. 使用前要对幼儿进行安全教育，不要用游戏材料打闹。

2. 打磨过程中，均匀施力，避免用力过猛，注意避开按压打磨石的手。

3. 定期检查打磨石的受损程度，如果打磨石磨损严重，应及时更换。

三、我能盛好饭

◎ 游戏目标：根据图示，尝试用饭勺将食物从锅里舀到空碗中。

◎ 游戏准备：画有不同所需盛饭碗数的任务单若干；饭勺使用方法示意图；饭勺1个；装有米饭的锅1口；碗若干。

◎ 游戏玩法：

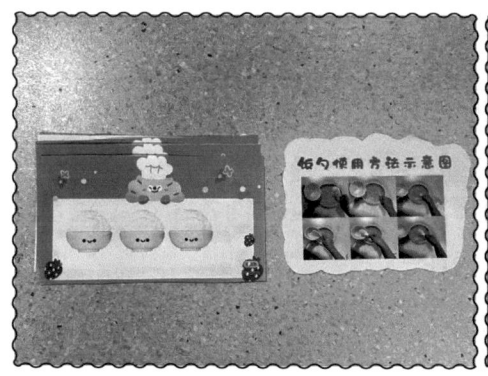

1. 自主选取一张任务单。

2. 根据任务单所需碗数要求，用饭勺将米饭盛到各个碗中。（饭勺的使用方法：一手握住勺柄的中间位置，倾斜插入锅中的米饭里，铲起米饭后平稳地将饭勺提起，手臂要保持平稳，将米饭放至空碗中。）

3. 完成后将盛好米饭的碗送至娃娃厨房，可多次重复操作。

4. 游戏结束后，将器具洗净，游戏材料收拾整齐并放回原处。

◎ 游戏指导：

1. 铲米饭时，不要用力过猛，铲到适量米饭时及时提起，观察手臂与手腕动作是否协调，并及时予以指导。

2. 铲起与送出时手臂保持平稳中途不撒落。将米饭放入碗里时注意对准角度，尽量不要掉在外面。

四、苹果乐园

◎ **游戏目标**：依据步骤图，练习使用苹果分割器，将苹果进行分割。

◎ **游戏准备**：苹果分割器、盘子、案板、垃圾桶各1个；清洗干净的苹果若干；使用苹果分割器步骤图。

◎ **游戏玩法**：

1. 将苹果分割器、盘子、垃圾桶等材料放置桌面。

2. 拿取一个苹果正放在案板上。

3. 依据使用苹果分割器步骤图用苹果分割器将苹果进行分割。（使用苹果分割器的方法：拿起苹果分割器，将其中心对准水果上方的凹陷处。接着，双手分别握住分割器的两个把手，用力按压，使分割器的刀片切入水果直至完全切开。）

4. 把苹果分割器中的果核取出并扔进垃圾桶中。

5. 将分割好的苹果瓣放在盘子中享用。

6. 清洗苹果分割器和盘子后，将材料放回原处。

◎ 游戏指导：

1. 游戏前对幼儿进行使用苹果分割器的安全教育，不要将苹果分割器放在自己和他人的手上。

2. 放置苹果时注意观察幼儿是否放稳，苹果底部与案板是否充分接触，及时予以提示，避免切割时苹果滚动导致切割失败或者受伤。

3. 操作中提示幼儿要将分割器的中心对准苹果凹陷部分，这样才能使苹果瓣大小比较均匀，也能防止损坏分割器。

4. 由于苹果分割器有比较锋利的刀片，在使用和清洗过程中，提示幼儿手指要远离刀片边缘，防止被划伤。特别是在按压分割器和取苹果瓣的时候，更要注意手部位置。

五、有趣的簸箕

◎ 游戏目标：依据步骤图，学习用簸箕将豆子中的杂质分离出去。

◎ 游戏准备：儿童簸箕1个；塑料布1块；带有小石子、小豆秆等杂质的豆子若干；使用簸箕分离杂质的步骤图。

◎ 游戏玩法：

1. 将塑料布平铺在地上，豆子倒入簸箕中。

2. 依据步骤图使用簸箕将豆子中的杂质分离出去。（使用簸箕的方法：把谷物放在簸箕里，双手四指在下，拇指在上握住簸箕的边缘，簸箕开口朝前端起。通过手臂有节奏地上下抖动和轻微左右摇晃簸箕，让谷物中的杂质在抖动过程中逐渐从谷物中分离出来，被抖到簸箕的边缘，随后把杂质倒掉，留下干净的谷物。）

3. 将簸箕中没有杂质的豆子装进瓶子中。

4. 清理塑料布上的杂质，将塑料布折叠整齐。

5. 将所有材料放回原处。

◎ **游戏指导：**

1. 游戏前，提示幼儿，不要在簸箕中倒入太多豆子，确保豆子在簸动过程中有足够的空间翻滚，让杂质充分分离出来。

2. 簸动的动作要平稳、有节奏。上下簸动时，簸箕开口一定程度向上倾斜，力度要适中，避免豆子撒出。

3. 在杂质抖至边缘时，要注意观察及时清理，避免杂质又混进豆子里。

六、晾晒小达人

◎ **游戏目标：** 练习使用内衣夹，为娃娃晾晒内衣、袜子，学习内衣夹的使用方法。

◎ **游戏准备：** 内衣夹、晾衣架各1个；自制洗衣机1台；各种娃娃的内裤、袜子若干；内衣夹使用方法图示。

◎ 游戏玩法：

1. 拿取内衣夹，将其挂在晾衣架上，从洗衣机中拿取一件内裤或袜子。

2. 仔细观察内衣夹的使用方法，用内衣夹将娃娃的内裤、袜子晾好。（内衣夹的使用方法：一手拇指按住夹头一侧，食指和中指按住夹子另一侧，三指同时向中间用力挤压，使内衣夹夹口打开，先把衣物边缘部分放在夹子夹口处，夹好后，手松开内衣夹尾部使其完全闭合，确保将所晾晒的衣物夹牢。）

3. 将洗衣机中的娃娃内裤、袜子用内衣夹全部晾晒。

4. 游戏结束后，将所有物品放回原位。

◎ 游戏指导：

1. 提供游戏材料时，内衣夹和内衣数量可根据实际情况提供。

2. 在游戏前进行安全教育，不要将手放进内衣夹夹口，以免将手夹伤。

3.用内衣夹晾晒衣物时，提醒幼儿从晾衣架一端开始晾晒，以防夹子有遗漏。

4.操作时提醒幼儿稍加用力将内衣夹开口打开，开口打开晾晒内裤、袜子时，内裤用内衣夹夹住裤腰两侧边缘，长筒袜子用内衣夹夹住袜口，船袜或短筒袜夹住后跟。

5.全部夹好后，可提醒轻轻拉扯一下，检验是否晾晒牢固，根据实际情况进行调整。

七、炒锅的奥秘

◎ **游戏目标**：根据任务单，将蔬菜放进炒锅翻炒，学习炒锅的使用方法。

◎ **游戏准备**：炒锅1个；锅铲1把；仿真食材、盘子、菜品任务单若干；炒锅使用方法图示。

◎ **游戏玩法**：

1.自选一张菜品任务单，仔细观察并将所需食材准备好，放入盘中。

2.根据炒锅使用方法图示，将翻炒的"食材"倒入锅中，使用炒锅将"食材"翻炒。（炒锅的使用方法：将炒锅放在炉灶上，一只手

拿着锅铲，另一只手四指弯曲放在炒锅手柄下方，手指与手柄贴合，拇指搭在其余四指上握住炒锅手柄。)

3. 用铲子插入"食材"底部不停翻动，让"食材"受热均匀，当"食材"需要充分搅拌时可用颠勺的方法双手握住炒锅手柄，将锅拿起并向上颠起，使"食材"离开锅底并快速接住，继续翻炒。炒"熟"后将炒的菜放在盘中。

4. 炒完后可再选取菜品任务单继续游戏。

5. 游戏结束后，将所有物品放回原位。

◎ **游戏指导：**

1. 在提供游戏材料时，可根据幼儿情况提供适合的炒锅。

2. 在游戏前进行安全教育，在使用炒锅和锅铲时不要对准自己或他人，操作时，握紧手柄防止炒锅意外掉落，保障幼儿游戏安全。

3. 颠勺时，运用手腕的力量轻轻抖动，使食材翻转，注意力度适中，避免食材撒出。

4. 游戏后要将炒锅和锅铲清洁干净，用水冲洗后，及时擦干并晾晒，防止生锈。

八、给妈妈的礼物

◎ **游戏目标：** 根据图示，学习拉花锯的使用方法，用拉花锯为妈妈制作礼物。

◎ **游戏准备：** 拉花锯使用方法图示；拉花锯、垫板、护目镜各1个；防护手套1副；画有简单图形的木板若干。

◎ 游戏玩法：

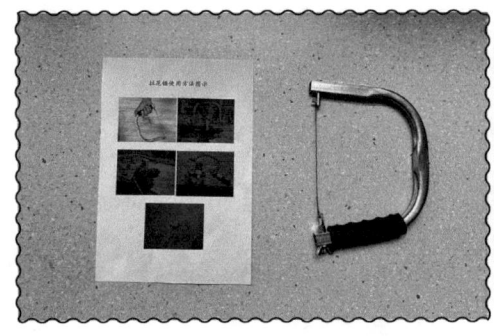

1. 戴好防护手套和护目镜，将拉花锯及木板放到垫板上。

2. 根据图示，学习拉花锯的使用方法，选择一块木板，沿着木板上图形的边缘，锯出对应图形，为妈妈制作礼物。（拉花锯的使用方法：将所锯材料立在垫板上。一只手手掌自然张开，手指放松，将拉花锯手柄置于手掌中，四指自然弯曲握住手柄，拇指轻轻地搭在手柄上，另一只手稳稳扶住木板一边。让锯条垂直于木板表面，在木板没有图案的位置用拉花锯锯开一个切口到图案边缘，然后开始沿着画好的图形边缘缓慢推拉拉花锯，直到锯条沿着图形边缘完整地锯完。）

3. 操作结束后，可再次选择画有其他图形的木板继续游戏。

4. 游戏结束后，材料整齐地放回原位。

◎ 游戏指导：

1. 提供的手套不能过大，防止在操作过程中被锯齿卷入，对手指造成伤害。木块不宜过厚，便于幼儿操作。

2. 在游戏前提醒幼儿，不要用手触碰锯条。锯木板时，手要放到安全位置，以免受伤。

3. 操作过程中，幼儿保持站立姿势，身体平稳，以免锯条歪斜。

4. 在锯割过程中，不要过度用力推拉锯条，以免锯条折断。需要改变切割方向时，应缓慢、自然地转弯，不要强行改变。

5. 锯条使用后，要及时清理上面的木屑，防止锯条生锈或损坏。

九、拖地大作战

◎ **游戏目标**：根据图示，学习布条拖把的使用方法，将地上的水渍及污渍擦拖干净。

◎ **游戏准备**：布条拖把使用方法的图示；围裙若干；布条拖把1把；装有清水的桶、盆各1个；迷你屋等。

◎ **游戏玩法**：

1. 拿取围裙，将其穿戴整齐。

2. 把盆放到地上，将桶里的水适量倒入盆中。

3. 仔细观看图示，学习布条拖把的使用方法，将地面的污渍擦拖干净。（布条拖把的使用方法：将拖把上的布条充分浸泡在水中，全部湿透后，将拖把杆自然搭至盆边，布条部分留在盆中，双手握住拖把布条，向相反方向旋转，拧至半干后拿出拖把。双手握住拖把柄，

一手在上一手在下，两手间隔半臂距离。）注意擦拖过程中可能会遇到各种障碍（家具）和陷阱（容易滑倒的水）。

4. 游戏完成后，将拖把头用清水清理干净拧干水分，把布条拖把及其他工具整齐地摆放回原位。

◎ 游戏指导：

1. 游戏前要对幼儿进行安全教育，以免滑倒或用拖把柄误伤自己及他人。

2. 注意观察幼儿拿拖把的姿势是否正确，及时予以指导。

3. 游戏时提示幼儿确保迷你屋地面能够被彻底清洁。

4. 清洗拖把时提醒幼儿要彻底清洗干净，避免细菌滋生。

十、我会削水果

◎ 游戏目标：依据图示，学习手摇削皮器的使用方法，将梨皮削干净。

◎ 游戏准备：手摇削皮器使用方法图示；手摇削皮器 1 个；梨若干；贴有小动物图片的盘子若干。

◎ 游戏玩法：

1.将手摇削皮器放到桌面上，双手按压底座，使底部吸盘紧紧吸住桌面。

2.根据图示，学习手摇削皮器的使用方法，将梨皮削干净，放到贴有小动物图片的盘子中。（手摇削皮器的使用方法：摇动手摇削皮器摇手，待刀架旋转至果叉下方后，一手按住手摇削皮器果叉与摇手的连接处，另一只手握住水果，将水果底部的中心插入果叉。一只手扶住手摇削皮器底座，另一只手顺着一个方向摇动摇手，直到将果皮削干净后停止。一只手拇指扶住手摇削皮器内侧，食指推动推杆，一只手拿住水果，将水果拔出。）

3.梨皮削干净后，将水果放入贴有小动物图片的盘子中。可继续进行游戏，为其他小动物削梨。

4.游戏结束后，将材料整理好并放回原位。

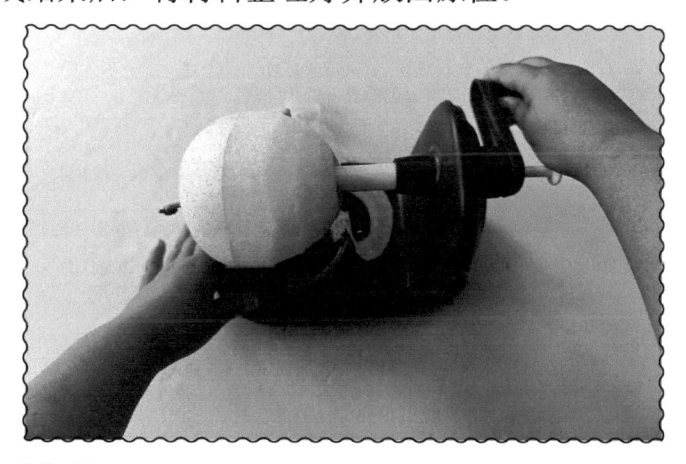

◎ 游戏指导：

1.在游戏前提醒幼儿，不要用手触碰刀口。将水果插入果叉时，手要放到安全位置，以免受伤。

2.在操作过程中提醒幼儿顺着一个方向摇动摇手。

3.如果刀刃被果皮堵塞，需要将果皮清理干净后，再继续操作。

第二部分 下学期

第一章 精细动作

小班

一、甜品自助吧

◎ **游戏目标**：初步尝试用不锈钢夹，夹蛋糕、面包等小甜品，体验夹的动作。

◎ **游戏准备**：装有若干不锈钢夹的夹子盘；蛋糕盘若干；带有自制仿真甜品的甜品台。

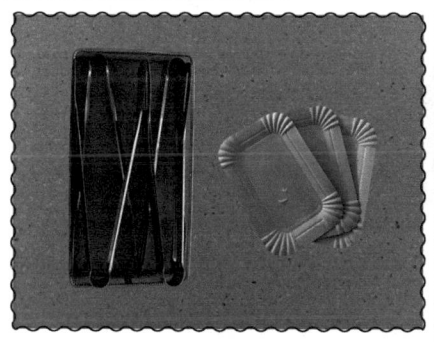

◎ **游戏玩法**：

1. 将带有自制仿真甜品的甜品台、蛋糕盘等游戏材料放于桌面。

2. 一手拿取蛋糕盘，另一只手在夹子盘中拿取一个不锈钢夹。（拿夹子的方法：夹口

朝向前，手放在夹子上，指尖朝前，拇指放在一侧，其余四指放在另一侧，握住不锈钢夹的手柄中间位置。）

3. 拿好夹子后，在甜品台上选择自己喜欢的甜品，夹放到手中的蛋糕盘中。（夹甜品时的手部动作：拇指与其余四指相互配合，控制餐夹的开合。在夹取甜品时，五指向中间轻轻用力，使餐夹的两个夹头合拢，夹住甜品，平稳地移动夹子，将甜品移到蛋糕盘后，夹头分开，放下食物。）

4. 甜品夹到蛋糕盘中后，可根据自己的食量，再次夹取甜品。

5. 游戏结束后，将所有仿真甜品夹回甜品台，材料整理好放回原处。

◎ **游戏指导：**

1. 游戏前对幼儿进行使用不锈钢夹子的安全教育。

2. 准备夹子时，注意夹子大小要适合幼儿使用。

3. 观察幼儿拿取和使用夹子时，夹的动作是否正确，及时给予指导。

4. 夹甜品时不要过度用力，以防甜品被夹坏。

5. 提醒幼儿夹运甜品时，五指不要松开，以防甜品掉落。

二、绕线我能行

◎ **游戏目标**：玩绕线游戏，将线绕在纸筒上，练习绕的动作。

◎ **游戏准备**：卫生纸筒若干；各种不同的线。

◎ **游戏玩法**：

1. 拿取卫生纸筒、各种不同的线放于桌面。

2. 选择一个纸筒，选取一种线，将线的一头放在纸筒上，一只手的大拇指将其按住，其余四指紧握纸筒将纸筒拿起。

3. 按住线的手保持不动，另一只手轻轻地握住线，将线绕在卫生纸筒上。（绕的方向可由内向外或由外向内，可不作要求。）

4. 缠绕结束后，将纸筒竖立于桌面，可再选取一种线进行操作。

5. 游戏结束后，可将缠绕好线的纸筒放于美工区材料盒中，其余材料整理好放回原处。

◎ **游戏指导**：

1. 准备纸筒和线时，注意纸筒大小要适合幼儿的手，线不宜过细，

以便幼儿操作。

2. 绕线时提示幼儿按线的大拇指要按住不能松开。

3. 注意观察幼儿在绕线时，是否将线绕紧，及时给予提醒。

三、巧手来打结

◎ **游戏目标**：给娃娃系丝巾，学习系单结的方法。

◎ **游戏准备**：对角贴有小红花且中间画有线条的正方形丝巾若干；娃娃若干；系丝巾步骤图。

◎ **游戏玩法**：

1. 自主选取一条丝巾和一个娃娃，放在桌子中间。

2. 将正方形丝巾折成条状。（折法：丝巾平铺在桌子上，贴小红花的一角朝向自己，将两个贴有小红花的角对折，使其完全重合在一起，沿着线条向上翻折，直到看不到线条为止。）

3. 拿起已选好的娃娃，将娃娃躺放且脖子对准丝巾中间位置，双手提起丝

巾两侧，交叉放到娃娃脖子前。

4.给丝巾系单结。（系单结方法：一只手捏住丝巾交叉部位向上提起形成一个洞，另一只手拎起压在下面丝巾的一角，使其从洞的上方穿过来，双手各抓住丝巾的一角，向外拉，使丝巾贴紧娃娃脖子。）

5.将系好丝巾的娃娃放置展示区，剩余材料放回原处。

◎ **游戏指导：**

1.将丝巾折成条状对于小班幼儿来说有一定的难度，可根据幼儿情况予以适当的帮助。

2.注意观察幼儿丝巾交叉方式是否正确，及时予以指导。

3.打结对于小班幼儿来说有一定的难度，适当给予一定的指导。

四、快乐拧一拧

◎ **游戏目标：** 根据图示，拧开瓶盖取出糖果，练习拧的动作。

◎ **游戏准备：** 各种各样装有糖果（毛球）且瓶盖上带有箭头的瓶子若干；盒子1个；拧瓶盖步骤图。

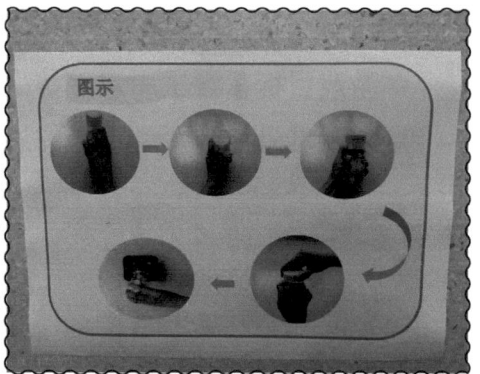

◎ **游戏玩法：**

1.自主选取一个瓶子放于桌面。

2.依据步骤图，拧开瓶盖，倒出瓶中"糖果"，将其放于盒子中。（拧瓶盖方法：一手握住瓶身保持不动，观察瓶盖上箭头的方向，另一手的大拇指、食指和中指用力捏住瓶盖，其余手指自然弯曲，沿着箭头的方向用力拧。）

3. 将拧下的瓶盖盖在瓶口，运用同样的方法朝反方向拧，直至瓶盖拧紧。

4. 可再次选取瓶子，重复游戏。

5. 游戏结束，将装有"糖果"的盒子与其他材料放回原位。

◎ 游戏指导：

1. 操作前要对幼儿进行提示，确保双手无水无汗。

2. 小班幼儿手小，手部力量也小，不宜提供瓶盖过大、过紧的瓶子。

3. 拧开瓶盖时，提示幼儿仔细观看箭头的方向，不要拧反。

4. 注意观察幼儿拧紧瓶盖时，方向是否正确，及时予以提示。

五、我来挤牛奶

◎ **游戏目标**：尝试用双手挤牛奶，练习手的灵活性。

◎ **游戏准备**：带"牛奶"的奶牛模具若干；杯子若干；娃娃1个。

◎ 游戏玩法：

1. 拿出一个杯子和一个奶牛模具放置于桌面上，使奶牛模具正对着自己。

2. 将杯子放在奶牛模具下方，使杯口对准奶牛"乳头"处。

3. 双手握住一边"乳头"，拇指和食指放在"乳头"底部，其他手指托住"乳头"，轻轻挤压"乳头"，挤出几滴"牛奶"，然后逐渐增加力度，使"牛奶"顺畅流入杯中，直至将"牛奶"挤干净。

4. 双手握住另一边"乳头"，重复以上操作。

5. 将挤出的"牛奶"喂给娃娃"喝"。

6. 游戏结束后，清洗杯子，将所有物品放回原位。

◎ 游戏指导：

1. 游戏前要提示幼儿将双手洗干净。

2. 注意观察幼儿双手握住乳头时手的位置是否正确，及时予以指导。

3. 幼儿在挤牛奶的过程中，提示幼儿要注意力度，既要将奶水挤出，也不要将奶牛模具的"乳头"挤破。

六、糖葫芦插一插

◎ **游戏目标**：将糖葫芦插到糖葫芦靶子中，锻炼插的技巧与手眼协调能力。

◎ **游戏准备**：自制糖葫芦模型若干；自制糖葫芦靶子1个；印有不同数量与种类的糖葫芦任务单若干。

◎ 游戏玩法：

1. 随机抽取一张任务单。

2. 根据任务单要求挑选相应种类与数量的自制糖葫芦模型，插在糖葫芦靶子上。（插的手部动作：一只手的大拇指、食指、中指捏住所需要插的物品的中间偏下位置，尾端留出一定长度。选择适当位置，慢慢用力插入即可。）

3. 完成当前任务单后，模拟售卖糖葫芦或将靶子上的自制糖葫芦模型全部拔出放回原处。再次抽取任务单进行游戏。

4. 游戏结束，将游戏材料收拾整齐并放回原处。

◎ **游戏指导：**

1. 游戏后期任务单可提出更多要求，如不同糖葫芦所要插入的位置或提供多个自制糖葫芦靶子，由幼儿自由进行分类摆放，提升游戏层次性。

2. 游戏前要对幼儿进行安全教育，不能用签子对着眼睛。

3. 插的时候可适时提醒幼儿按一定规律插，使糖葫芦靶子看起来美观并要一个一个依次插，不要心急。

4. 游戏过程中，注意观察幼儿插的动作是否正确，适时予以指导。

中班

一、美味的火锅

◎ **游戏目标**：尝试用木头筷子、油条筷子夹火锅里的食物放在盘里，发展小肌肉控制力。

◎ **游戏准备**：油条筷子、儿童木头筷子各1双；筷子托2个；娃娃、碗、自制铜锅各1个；自制仿真食物、餐盘若干。

◎ **游戏玩法**：

1. 将自制铜锅、仿真食物等游戏材料放于桌面。

2. 在盘中选择一种喜欢的食物，用油条筷子将食物夹到铜锅中"煮熟"。（使用筷子夹运食物的手部动作：大拇指和食指捏住筷子的上半部分，中指抵住下方筷子，起到辅助固定的作用，无名指和小指自然弯曲，轻轻托住下方的筷子，缓缓张开筷子，筷子头对准

食物后轻轻合拢,夹住食物,夹稳后,平稳地从一处移至另一处,手臂和手腕配合,动作要流畅自然,避免晃动过大导致食物掉落。)

3. "煮熟"后,将食物用油条筷子夹至碗中,把油条筷子放回筷子托,拿取一双儿童木头筷子将食物喂给娃娃"吃"。

4. 游戏结束后,将食物整齐地摆放回盘中,所有材料放回原处。

◎ **游戏指导**:

1. 游戏前提示幼儿不要将筷子指向自己和别人。

2. 注意观察幼儿在夹取食物时,使用筷子的方法是否正确,及时予以指导。

3. 油条筷子可作为公筷进行使用,培养幼儿良好的卫生习惯。

4. 使用油条筷子对于中班幼儿来说有一定难度,游戏初期可用儿童木头筷子代替油条筷子。

二、蔬菜分拣员

◎ **游戏目标**:练习用稻草把大葱、韭菜等叶菜类蔬菜分拣缠绕成捆,练习绕的动作。

◎ **游戏准备**:大葱、韭菜等叶菜类蔬菜、稻草若干。

◎ **游戏玩法**:

1. 将蔬菜进行分类,同种蔬菜放在一起。

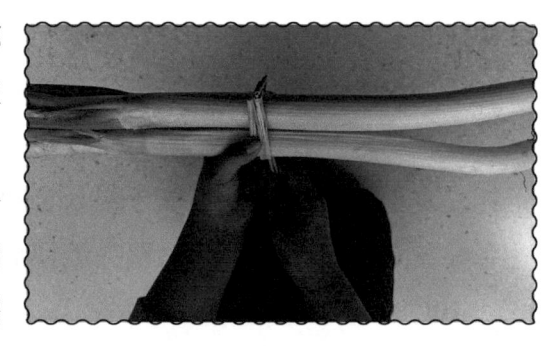

2.整理蔬菜,将蔬菜根部对齐,整理完成后将其横放在桌子上。

3.选择一种蔬菜,拿取一根稻草。一只手握起分拣好的蔬菜保持不动,另一只手将稻草的一头竖放于拿蔬菜的手大拇指下,稻草头按在蔬菜上,拿起稻草绕蔬菜转动,待缠绕完成后,留一小截稻草,将其塞入缠好的稻草中,蔬菜打成捆。

4.完成后,可选择其他蔬菜进行缠绕捆绑。

5.游戏结束,将所有材料收纳整齐并放回原处。

◎ **游戏指导:**

1.注意选取长度合适的稻草。

2.若准备的同种蔬菜较多,可根据幼儿实际情况,分多次进行捆绑。

3.缠绕时提醒幼儿尽量在一个位置反复缠绕。

三、打结小能手

◎ **游戏目标:** 通过系鞋带游戏,练习系蝴蝶结。

◎ **游戏准备:** 串好鞋带的自制纸板鞋子若干;蝴蝶结系法图示。

◎ 游戏玩法：

1. 自主选取一只自制纸板鞋子放在桌子中间，使其鞋后跟对着自己。

2. 依据图示，将鞋带系成蝴蝶结。（蝴蝶结系法：先将鞋带系一个单结，然后两手大拇指和食指各捏住一边鞋带的中间位置向上提，其他手指捏住下方鞋带让其变成两个小耳朵，一边小耳朵在上，一边小耳朵在下，交叉形成一个小洞，一手捏住交叉处，一手将一只小耳朵从小洞穿绕进去，双手各抓住小耳朵的一边，用力拉紧。）

3. 将系好鞋带的自制纸板鞋子放置于展示区，材料整理好放回原处。

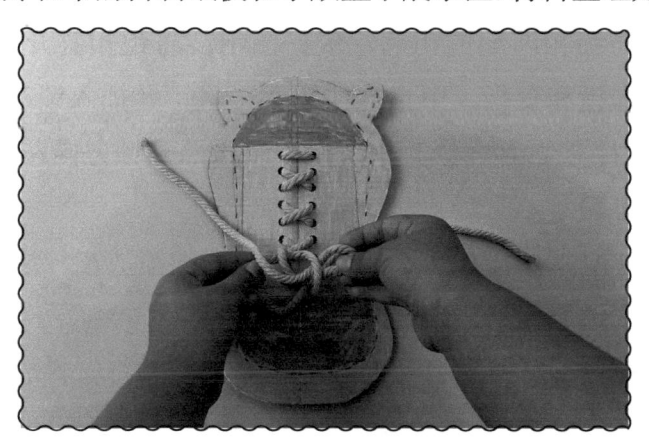

◎ 游戏指导：

1. 系单结虽然在小班已经学习过，但可能会存在遗忘的现象，可根据情况给予提示。

2. 注意观察幼儿系蝴蝶结方法是否正确，及时予以指导。

四、开锁小达人

◎ 游戏目标：用手拧钥匙打开各种锁，锻炼手部力量。

◎ 游戏准备：各种各样的锁若干；钥匙架 1 个；开锁图示；装有与锁相匹配的若干钥匙的盒子 1 个。

◎ 游戏玩法：

1. 自主选取 1 把锁，将其放置于桌面上。

2. 找到与锁相匹配的钥匙，依据图示，将锁扣打开。（开锁时的手部动作：拇指和食指、中指捏住钥匙，将钥匙插入锁芯后，通过手腕和手指发力，使钥匙在锁芯中绕中心轴按照开锁方向左或向右转动，直至锁扣弹出。）

3. 将钥匙取下，挂在钥匙架上，被打开的锁放在一边。

4. 可再次选取锁，继续游戏。

5. 游戏结束后，将被打开的锁重新锁住，并将材料放回原位。

◎ 游戏指导：

1. 在提供材料时，不要选取过于复杂的锁。

2. 操作前要对幼儿进行安全教育，不可将锁和钥匙放进嘴里，避免误食锁里的小零件。

3. 在选取钥匙前，要引导幼儿仔细观察锁的锁芯，再按照锁芯的形状找到与其相匹配的钥匙，可根据幼儿操作情况及时予以指导。

4. 在开锁过程中，提示幼儿当钥匙不能插入锁芯时，可改变钥匙头方向继续尝试。

五、沥水小帮手

◎ **游戏目标**：用屉布将蔬菜里的水挤出，练习挤的动作。

◎ **游戏准备**：装有屉布的沥水模具1个；盘中装有清洗干净的白菜叶片若干；菜板1个；儿童专用菜刀1把；盆子若干。

◎ **游戏玩法**：

1. 拿出一个菜板和一把儿童专用菜刀放置于桌面上，再拿出几片清洗干净的白菜叶片，将其放在菜板上。

2. 将白菜叶片叠放整齐，右手拿起儿童专用菜刀，左手按住白菜，将白菜切成细丝，再把白菜丝横过来，继续切成白菜末。取出一个空盆子，将切好的白菜末放进盆中。

3. 拿出沥水模具放置于桌面上，再拿出一个空盆子放在沥水模具屉布的正下方，将切好的白菜末倒进沥水模具屉布的中心位置，将白菜末中的水挤到沥水模具屉布下方的盆中，直到挤不出水为止。（挤的动作：双手轻轻捧住需要挤压的物品，手指微微弯曲，从物品的外侧开始逐渐施加压力，向中心聚拢。在挤压的过程中，力度要逐渐增加，持续施压直到达到想要的挤压效果。）

4.游戏结束后，将材料整理好放回原位。

◎ **游戏指导：**

1.游戏前要提示幼儿将双手洗干净，并对幼儿进行用刀安全教育，切菜时左手按住白菜，手指应尽量蜷缩并远离刀刃碰到的地方。

2.游戏时注意观察幼儿是否将白菜完全切成末，适当予以提示。

3.在幼儿挤蔬菜过程中，提示幼儿要注意力度，既要将白菜中的水分挤出又要避免将白菜挤烂。

4.挤好的白菜末可送至厨房备用。

六、创意插花

◎ **游戏目标：** 通过创意插花游戏，将不同的花插到花泥中。

◎ **游戏准备：** 仿真带杆花材若干；装有花泥的纸杯若干。

◎ 游戏玩法：

1. 挑选喜欢的仿真带杆花材与装有花泥的纸杯放于桌面。

2. 插花游戏，将各种各样的仿真带杆花材插入花泥中。（插花的方法：用一只手握住花茎靠近底部的位置，另一只手轻轻调整角度。将花材垂直或倾斜插入花泥，插入深度以花材稳定不摇晃为宜。）

3. 从不同角度观察插花作品的整体效果。用手轻轻调整花材的位置、角度和高度，使作品更加美观和谐。

4. 完成一个插花作品后，将作品放在展示区，继续进行游戏。

5. 游戏结束后，将插好的花放于展示区，其余材料收拾整齐并放回原位。

◎ 游戏指导：

1. 条件允许可为幼儿提供真实花朵进行操作，但要注意去除花刺。

2. 游戏前可为幼儿普及一些插花小常识，如插花时注意不同花材的高低错落和疏密有致，避免过于整齐和呆板。

3. 插花过程中，要对幼儿操作情况进行观察，适时予以帮助。

4. 插花完毕后，要检查花材是否稳固，如有松动的花材，可重新插入花泥中以确保稳定。

大班

一、围炉煮茶吧

◎ **游戏目标**：练习用镊子夹茶叶、茶杯等锻炼手指的肌肉力量。

◎ **游戏准备**：茶叶罐、带有水的茶壶、不锈钢夹、茶叶镊、带炉算的茶炉模型各1个；茶杯2个；干果、水果若干。

◎ **游戏玩法**：

1. 将带炉算的茶炉模型、茶壶、茶杯、干果、水果等物品放于桌面。

2. 打开茶壶，使用茶叶镊，将茶叶夹入茶壶中泡茶。（两指捏茶叶镊的方法：伸出拇指和食指，其余三指握紧，拇指和食指自然伸直，微微分开，两根手指分别捏住小镊子两侧的中间部分，力度要适中，既不能太松导致镊子滑落，也不能太紧影响操作的灵活性，通过调整拇指和食指的力

度，可以控制镊子的开合程度。）

3. 将茶水分别倒入两个茶杯中。

4. 用茶叶镊夹住茶杯把茶杯慢慢夹到炉子上，用不锈钢夹把干果和水果夹到炉子上，进行"加热"。

5. "加热"完成后用茶叶镊将茶杯夹下来，用不锈钢夹把干果、水果夹下来，进行品尝。

6. 游戏结束后，将所有物品放回原处并收拾整齐。

◎ **游戏指导：**

1. 在使用前对幼儿进行安全教育，避免镊子尖端刺伤自己或他人。

2. 要保持镊子的清洁，避免污染夹取的物品。

3. 夹取物品时，提醒幼儿要准确地将镊子尖端对准物品，保持手的稳定，避免抖动将物品撒落。

4. 夹取茶杯时，提醒幼儿要用力平稳地夹取，以防茶水洒落。

二、打水小能手

◎ **游戏目标：** 转动辘轳手把，尝试用水桶打水，练习绕的动作。

◎ **游戏准备：** 装有提水装置的自制辘轳水井模型（含有小水桶）；大水桶1个。

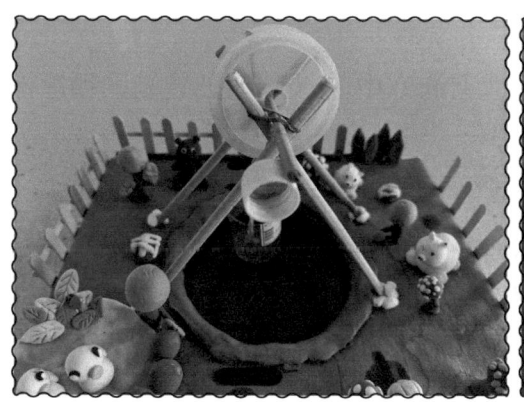

◎ 游戏玩法：

1. 取出自制辘轳水井模型放置于桌面，手把朝向自己，大水桶放在模型旁边。

2. 一只手扶住水井模型，另一只手握紧辘轳手把，由右向左慢慢转动辘轳手把，使绕在辘轳上的绳，垂直于井面，小水桶自然落下至水面，不再转动，将手自然松开。

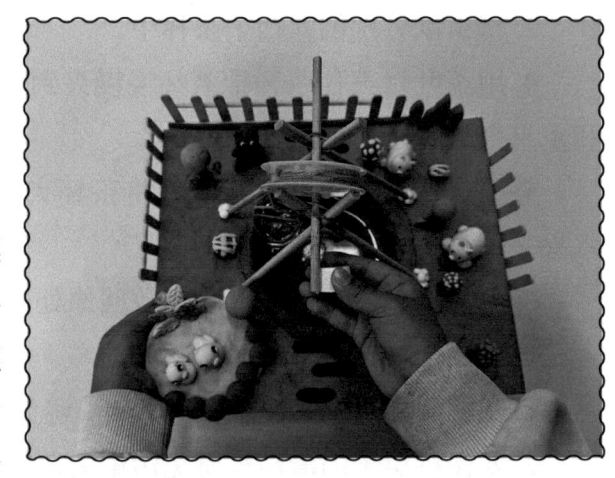

3. 用手握住自制水井上的水桶绳，手腕左右摇摆，将小水桶放倒，使小水桶装上水。

4. 握紧辘轳手把由左向右用力转动手臂，使小水桶绳绕回辘轳上，将小水桶（模型上的）提起。

5. 握辘轳手把的手不动，另一只手提起小水桶将水倒入大水桶中。

6. 完成运水后，可重复进行游戏。

7. 游戏结束后，将大水桶的水倒回水井中，其他物品收回原处。

◎ 游戏指导：

1. 进行运水时，小水桶（模型上的）中的水可不必装满，循序渐进进行操作。

2. 观察幼儿在提放小水桶时绕的方向，根据情况及时提醒。

3. 将水提上来时提醒幼儿不要松开辘轳把手，以防小水桶（模型上的）掉落。

4. 倒水时注意不要将水洒落。

三、学系红领巾

◎ **游戏目标**：系红领巾，锻炼手指的灵活性，为上小学作准备。

◎ **游戏准备**：红领巾若干；系红领巾步骤图；娃娃模型若干。

◎ **游戏玩法**：

1. 自主选取一条红领巾和一个娃娃模型放在桌子中间。

2. 将红领巾平铺在桌子上，长的一边对着自己，依次向上翻折2～3下，折成条状且留有一个小角。

3. 依据步骤图，学习系红领巾的方法给娃娃模型系红领巾。（将折好的红领巾披在娃娃模型的肩上，使其自然下垂。双手握住红领巾两边，将红领巾左边压住右边，使其上方形成一个小洞。右手捏住交叉处，左手将左边的红领巾从上方拉到右边，形成一个圈圈，将拉到右边的角从两边交叉的小洞中从内向外穿出。将穿出的角穿过圈圈，并向下拉直。）

4. 调整系好的红领巾，使其平整且松紧适度。

5. 将系好红领巾的娃娃模型放到展示区，其余材料放回原位。

◎ **游戏指导：**

1. 注意观察幼儿将红领巾折成条状的方法是否正确，及时予以指导。

2. 将红领巾披在娃娃模型的肩上时，提示幼儿要使红领巾两边的长度相等。

3. 在系红领巾时，可根据幼儿操作情况适当予以帮助。

四、我会"建"房子

◎ **游戏目标：** 用螺丝刀拧螺丝，练习双手的协调性。

◎ **游戏准备：** 装有若干十字槽螺丝的盒子1个；带有孔的螺丝拼装箱1个；螺丝刀使用方法图示；印有不同样式房子的任务单若干；十字螺丝刀若干。

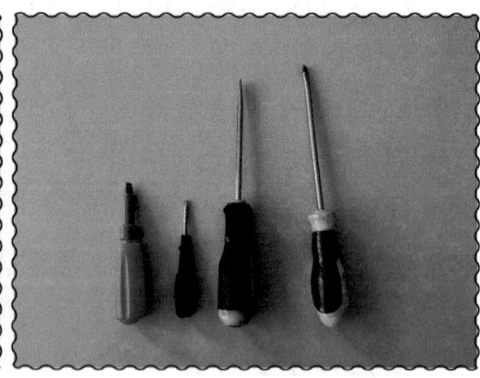

◎ **游戏玩法：**

1. 将螺丝拼装箱、装有十字螺丝的盒子、螺丝刀放置于桌面上。

2. 自选一张任务单，依据拧螺丝图示使用十字螺丝刀，对应任务单将螺丝一个一个拧在螺丝拼装箱相应位置上，直至拼出与任务单中相同的房子为止。（拧螺丝的手部动作：一手拿螺丝，将螺丝底部对

准安装平面上的孔,一手的拇指、食指和中指夹住螺丝刀柄,其余手指自然弯曲,将螺丝刀的头插进螺丝顶部的十字槽中,手腕带动手指转动,直至拧不动螺丝为止。)

3. 任务完成后,可再次选取任务单继续游戏。

4. 游戏结束后,将"建"好的房子放置展示区,其余物品放回原位。

◎ **游戏指导**:

1. 游戏前要对幼儿进行安全提示,不要将螺丝刀头对准自己或他人。

2. 注意观察幼儿在拧螺丝时,螺丝是否垂直于螺丝拼装箱的孔,及时予以指导。

3. 操作前,要提示幼儿仔细观察任务单上房子的图形,再将螺丝钉一个一个拧进相应的位置中,可根据幼儿操作情况适当予以帮助。

五、做个小蛋糕

◎ **游戏目标**:通过挤奶油游戏,练习双手协作挤出奶油。

◎ **游戏准备**:装有奶油且带裱花嘴的裱花袋若干;蛋糕模型若干;印有不同样式蛋糕的任务单若干。

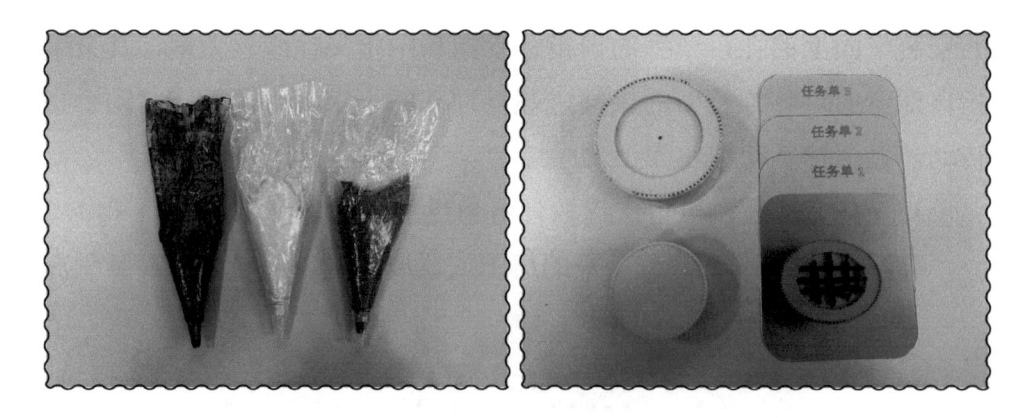

◎ 游戏玩法：

1. 拿出一个装有奶油且带裱花嘴的裱花袋、蛋糕模型放置于桌面上。

2. 任意抽取一张任务单。

3. 依据任务单，将裱花袋中的奶油均匀地挤到蛋糕模具上，直至挤出与任务单中相同的图案为止。（挤奶油的手部动作：一只手握住裱花袋的上部，另一只手扶住裱花嘴附近的袋子，手指均匀地用力挤压，根据需要可以有节奏地挤压，控制手部的速度，挤出合适的形状和长度。）

4. 任务完成后，可再次选取任务单继续游戏。

5. 游戏结束后，将做好的蛋糕放置于展示区，其余材料整理好放回原位。

◎ **游戏指导：**

1. 游戏前提示幼儿不要将奶油放进嘴里。

2. 提示幼儿认真观察任务单上的蛋糕图案，在操作过程中指导幼儿挤奶油方式和手部动作的变化。

3. 幼儿在用裱花袋挤奶油前，提示幼儿要先将裱花袋里面的空气排出，再进行操作。

4. 幼儿在挤奶油过程中，提示幼儿要注意力度，既要将奶油挤出，也不要将裱花嘴挤掉。

六、我来插秧

◎ **游戏目标：** 模拟插秧，练习将"秧苗"整齐地插入底板。

◎ **游戏准备：** 自制的不同颜色秧苗若干；分为不同颜色的模拟土地的彩泥底板。

◎ **游戏玩法：**

1. 取出模拟土地彩泥底板、自制的不同颜色秧苗放在地面上。

2. 将不同颜色的"秧苗"整齐地插在不同的"土地"上。（插秧方法：用食指和中指夹住秧苗，竖直用力将秧苗的根部插入泥土中，直至秧苗稳固不倒。）

3. 游戏结束，将"秧苗"拔出，材料整理好放回原处。

◎ 游戏指导：

1. 为模拟真实插秧情景，增强游戏趣味性、真实性和难度，"土地"要放在地面，幼儿弯腰进行操作。

2. 在插"秧苗"时，要保持秧苗直立，每个"秧苗"之间距离大致相同，尽量使"秧苗"保持在一条直线上。

3. 游戏初期为幼儿提供中心为牙签的秧苗，方便幼儿操作。后期可用树叶杆代替，使"秧苗"更软，不易插入，进一步增强游戏的趣味性、真实性和难度。

4. 要时刻注意幼儿安全，不要用牙签扎到自己或他人。游戏前做好安全教育。

第二章 生活自理

小班

一、我会穿衣服

◎ **游戏目标**：根据步骤图，练习穿脱简单衣服，完成任务单。

◎ **游戏准备**：收纳箱1个；裤子、套头上衣若干；套头上衣、裤子穿法步骤图；脱衣方法图示；印有不同种类和数量衣服的任务单若干；小粘贴若干。

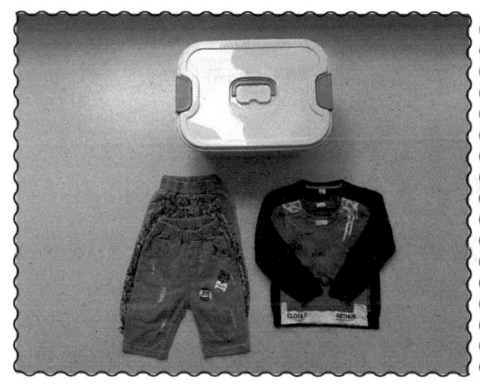

◎ **游戏玩法**：

1.抽取一张任务单，根据任务单上的衣服种类在收纳箱中找取对应衣服。

2.根据相应衣服穿法步骤图穿好衣服，完成任务单上的任务。（套头上衣穿法步骤：判断衣服前后，将衣服前面朝下，衣摆对向自己铺在桌面上。双手拇指插入两片衣摆之间向上拎起，把头从领口钻出。

然后一手拿住衣摆，一手伸进袖子，另一只手用同样的方式伸入袖子即可。裤子穿法步骤：判断裤子前后，把裤子正面朝上平铺，两个手撑开裤腰，把两条腿分别依次伸入与腿同侧裤腿，抓紧裤腰用力向上提拉即可。）

3. 任务完成后，在任务单上贴上小贴纸。按照脱衣服图示将穿好的任务单中的衣服脱下，放回原处。（脱衣方法：双手交叉抓住衣服下摆，向上掀起衣服直至头从领口脱出。一只手抓住另一只袖口向下拽，另一只手往回缩，直至脱下袖子。另一只袖子用同样的方式脱出即可。）

4. 再次抽取任务单进行游戏。

5. 游戏结束后，将衣服放回收纳箱，其他物品放回原处。

◎ 游戏指导：

1. 任务单上的图案应为实际提供的衣服图片，方便幼儿按图寻物进行操作，增强游戏趣味。但要注意将任务单分为男生、女生两类；或提供性别特征不明显的衣服。

2. 分辨套头上衣前后的方法：根据图案分辨，有图案的为前面，无图案的为后面；根据衣服标签分辨，没有标签为前面，有标签的一面则为后面；根据领口分辨，领口低的一面为前面，高的一面为后面。分辨裤子前后的方法：直边口袋为后面，弯弯口袋为前面。尽量为幼儿提供前后面特征明显且宽松的衣服，便于幼儿操作。成人适时引导幼儿观察衣物，分辨衣服前后面。游戏初期提供衣服正反面分辨实物图示。

3. 要提醒幼儿一件一件地将所需衣服拿出，不要乱翻乱扔，养成良好的生活习惯。

4. 幼儿穿上衣服后，适时提示幼儿整理衣摆、裤腰、裤脚等位置，将衣服穿整齐。

5. 幼儿脱下衣服后，如若将衣服里外拽反，可根据幼儿个人情况，提示幼儿如何将衣服翻正。

6. 此游戏之前如果幼儿已学习简单的叠衣方法，在将衣服放回收纳箱时则要提醒幼儿叠好衣服后再将其放回。

二、我的小袜子

◎ **游戏目标**：根据图示，分清袜子各部位，练习给娃娃穿袜子。

◎ **游戏准备**：娃娃1个；完整袜子若干；袜子各部分实物若干；穿袜子步骤图；袜子各部分结构示意图；袜子形状底板若干；袜子与脚对应图；脚形状底板若干。

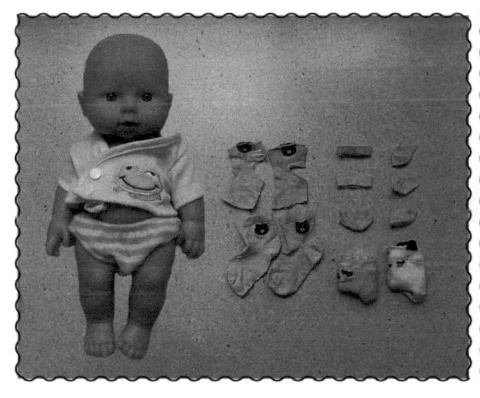

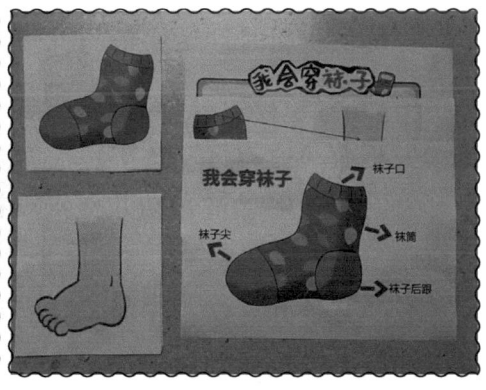

◎ **游戏玩法**：

1. 拿出一张袜子底板，观察袜子各部分结构示意图，对照图片将袜子各部分实物分别摆放在底板相应位置。

2. 根据袜子与脚对应图，将袜子各部分实物摆放在脚形状底板上，熟悉袜子各部分位置与脚的对应。

3. 分清袜子各部位，根据穿袜子步骤图，练习给娃娃穿袜子。（穿袜子方法：双手拿住袜子口撑开，袜子后跟朝下；套在脚上直至脚尖到达袜子尖；把袜子后跟向上拉即可。）

4. 游戏结束后，将所有材料收拾整齐并放回原处。

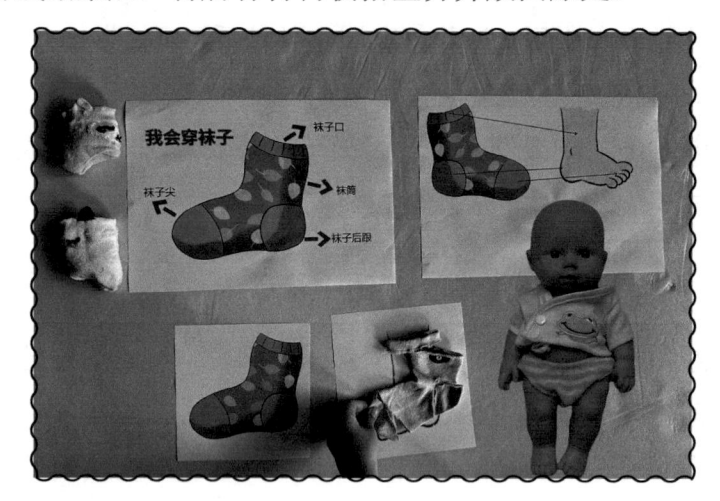

◎ 游戏指导：

1. 提供材料时注意底板与袜子各部分实物的大小对应。

2. 袜子具有弹性，分解后不易完全复原，在幼儿拼摆时，可根据情况提示幼儿适当拉伸袜子。

3. 游戏初期尽量为幼儿提供短袜，不要提供中高筒袜子，幼儿不易穿脱。

4. 幼儿给娃娃穿袜子时，适时提示幼儿适当用力，调整好袜子位置，使袜子跟包住脚后跟。

三、洗脸的本领

◎ 游戏目标：依据步骤图，按正确方法给娃娃洗脸。

◎ 游戏准备：洗脸巾若干；儿童面霜1瓶；装有温水的洗脸盆、娃娃各1个；婴儿车1辆；洗脸步骤图1张。

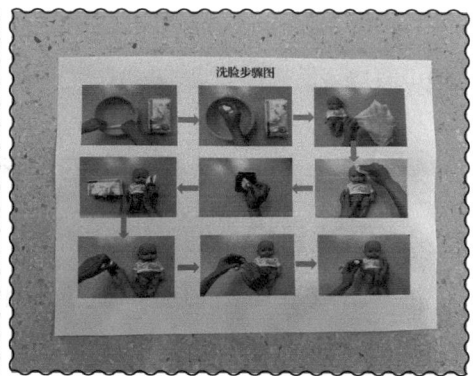

◎ 游戏玩法：

1. 将装有温水的洗脸盆、娃娃、洗脸巾等材料放于桌面。

2. 依据步骤图，给娃娃洗脸。（洗脸的方法：双手捧起盆中适量的温水将面部打湿，依次将额头、面部、鼻子、下巴等位置清洗干净，边清洗边打圈揉搓，揉搓完后用清水再次清洗面部，抽取一张洗脸巾轻轻擦干面部的水分。）

3. 娃娃面部洗干净后，取出适量的面霜，一般为黄豆大小即可，均匀地涂抹在娃娃的面部。

4. 涂抹完后，将娃娃放到婴儿车中，带娃娃去散步。

5. 游戏结束后，将材料放回原位。

◎ 游戏指导：

1. 在给娃娃洗脸前，提示幼儿使用七步洗手法清洗双手。

2. 清洁面部时，提示幼儿动作轻柔，避免用力拉扯皮肤。

3. 双手捧水时，提示幼儿不要捧取过多的水，以免水溅到四周及他人身上。

4.取儿童面霜时，小班幼儿对于黄豆大小的面霜不太理解，适当予以指导。

四、细嚼慢咽

◎ **游戏目标**：通过喂食游戏，练习用勺子分割食物喂给小动物。

◎ **游戏准备**：勺子、盘子若干；自制与小动物相对应的食物模型若干；带有不同小动物的喂食板1个。

◎ **游戏玩法**：

1.将自制食物模型、盘子、小动物喂食板放于面前。

2.选择一只要投喂的动物，拿出一把勺子，右手握住勺柄，从食物模型盘中舀取出相应的食物放于盘子中。利用勺子分割食物，喂给相应的小动物。（分割食物的方法：将勺子内侧边缘放在食物上，以拉锯式的动作缓慢切割，边切割边向下用力，直至将食物切断。）

3.喂完一只小动物后，可再次选择一种食物，分割投喂下一只小动物。

4. 游戏结束后,清洗用过的盘子和勺子,将材料放回原位。

◎ **游戏指导**:

1. 拿取自制食物时,注意观察幼儿拿勺的姿势是否正确,适当予以指导。

2. 使用勺子分割食物时,提示幼儿要小心操作,避免勺子划伤自己。

3. 在切割食物时,注意观察幼儿操作,如遇到切不断食物的情况,及时予以帮助。

4. 在提供勺子时,应尽量选取边缘较薄的勺子,以便幼儿切割食物。

五、帮娃娃梳头

◎ **游戏目标**:根据图示,练习用梳子将头发简单梳理整齐。

◎ **游戏准备**:洋娃娃1个;梳子1把;鸭嘴夹若干;梳头图示。

◎ **游戏玩法**:

1. 将洋娃娃背对自己摆放,依据梳头图示,帮洋娃娃梳头。(梳头方法:一只手扶住洋娃娃,另一只手拿起梳子,从洋娃娃头顶处从上往下梳头,整理洋娃娃后面头发,梳理整齐后,再从头顶处从上往下梳两侧头发,最后将洋娃娃面向自己,梳理洋娃娃前面头发。)

2. 梳完头后，放下梳子，选取一个鸭嘴夹，帮洋娃娃整理头上的碎发。（一只手将碎发向上扶住，另一只手的拇指和食指捏住鸭嘴夹柄，按压至夹子口打开，插入头发中间。）

3. 梳理整齐后，将梳理好头发的洋娃娃放到展示区，工具和材料放回原位。

◎ **游戏指导：**

1. 在梳理有打结情况的头发时，对于小班幼儿有一定难度，可根据幼儿情况予以指导，直至头发梳通。

2. 在使用鸭嘴夹时，可不对幼儿手部作过多要求，打开即可。

3. 尽量将碎发全部夹住，可多用几个鸭嘴夹，确保洋娃娃头发整齐美观。

中班

一、开衫我会穿

◎ **游戏目标**：根据图示，练习穿各类开衫。

◎ **游戏准备**：拉链开衫、纽扣开衫若干；开衫穿法图示；扣扣子、拉拉链方法图示；印有不同数量拉链、扣子的任务单若干。

◎ **游戏玩法**：

1. 选取一张任务单，根据任务单拿取要穿的开衫。

2. 仔细观察开衫穿法图示，按照图示步骤将开衫穿上。（穿开衫方法一：把衣服里面朝上平铺，衣领朝向自己。两手分别伸入同侧衣袖，抓住袖口将衣服举过头顶，两臂向后旋转即可。穿开衫方法二：双手拎住衣服领口，衣服外面朝向自己。向上后方用力甩手将衣服翻过头顶，使衣服披在肩上。一手抓住对侧门襟，另一只手伸入同侧袖子。穿好后再将另一只胳膊用同样的方法伸入袖子即可。）

3. 穿上开衫后，系好衣服扣子或拉链，完成任务。（拉拉链方法：一只手的食指和拇指捏住拉头，中指抵在插座下面，使拉头与插座靠紧。另一只手捏住插棒从拉头处插入到插座中。插到底后，一手捏住

插座，一手捏住拉头向上拉即可。系扣子方法：一只手捏住纽扣，另一只手打开扣眼。捏住纽扣的手将纽扣塞进扣眼，另一只手从对侧捏住露出头的纽扣并将纽扣完全拉出来即可。）

4. 完成任务后，脱下衣服，收拾整齐并放回原处。

◎ **游戏指导：**

1. 在提供衣服时，尽量提供比较宽松，纽扣、拉链比较大的衣服方便幼儿操作。

2. 可提示幼儿结合儿歌记忆穿开衫的方法：抓领子，盖房子，小老鼠，钻洞子，左钻钻，右钻钻，咯吱咯吱上房子。

3. 拉拉链时，要适时提示幼儿一定将拉头插紧并把头仰起，以免夹到下巴。向上拉时，不要夹住衣服边缘，如若夹住切不可使用蛮力拉拽拉链，拉链拉到头即可，不要过于用力向上拉。

4. 系纽扣时，适时提醒幼儿从上到下或从下到上依次进行操作，避免错系、漏系。

二、穿袜小妙招

◎ **游戏目标**：根据图示，练习穿五指袜、长筒袜等袜子。

◎ **游戏准备**：五指袜、长筒袜若干；穿袜子图示；印有不同数量与种类袜子的任务单若干。

◎ 游戏玩法：

1. 选取一张任务单，根据任务单拿取要穿的袜子。

2. 根据穿袜子图示穿上袜子。（五指袜穿法：将五趾袜袜尖朝前、脚跟朝下五趾完全展开，使脚趾部分清晰可见。双手捏住并撑开袜口，将袜子套在脚尖，五个脚趾尽量张开，让每个脚趾都进到袜子对应脚趾部分。拉住袜口向脚跟方向，直至穿好。长筒袜穿法：袜尖朝前、袜跟朝下，两手大拇指伸进一只袜子里，其余四指在外拿起袜子，食指慢慢向袜尖爬，使袜筒堆积在拇指根。脚伸进袜尖，双手向上慢慢用力，将袜子完全套在脚上即可。）

3. 任务完成后，可继续选取任务单，进行游戏。

4. 游戏结束后，脱下袜子，收拾整齐并放回原处。

◎ 游戏指导：

1. 在提供袜子时要根据幼儿情况提供大小适宜的袜子。

2. 幼儿穿上袜子后，可提示幼儿检查袜子是否有褶皱或扭曲，及时调整。确保袜子的后跟在正确的位置。

3.穿五指袜时，部分幼儿脚趾可能不会张开，使多个脚趾伸进一个袜洞或错伸位置。可适时引导幼儿用手将脚趾逐一分开，伸入对应的袜子脚趾部分。

三、我爱讲卫生

◎ **游戏目标**：依据步骤图，按正确方法给娃娃洗头发。

◎ **游戏准备**：装有温水的盆、娃娃各1个；擦头发毛巾1条；梳子1把；洗头膏1瓶；洗头发步骤图。

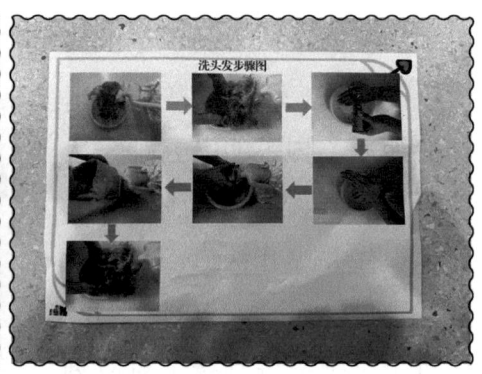

◎ **游戏玩法**：

1.将装有温水的盆、娃娃、毛巾等材料放于桌面。

2.依据步骤图，给娃娃洗头发。（洗头发的方法：身体弯腰前倾，将头发缓慢浸入盆中，双手撩起温水将头发充分打湿。取适量洗头膏放于掌心，双手打圈揉搓出泡沫后，再涂抹到头发上。用双手手指肚轻轻按摩头皮，以画圈的方式按摩，依次按摩头顶、后脑勺等部位，按摩一小会儿后，将头发再次浸入盆中，双手撩起温水清洗头发后，可更换盆中温水再次清洗头发，确保泡沫完全被清洗掉。）

3.拿起干净的毛巾轻柔地擦拭头发上的水分，将头发梳顺后等待自然风干。

4. 游戏结束后，倒掉盆中的水，将材料放回原位。

◎ **游戏指导：**

1. 在洗头时，提示幼儿不要将洗头膏直接涂抹到头发上，以免局部浓度过高刺激头皮。

2. 在按摩头皮时，提醒幼儿不要用指甲抓挠头皮，以免损伤头皮。

3. 如若洗发水不慎流进眼中，安抚幼儿不要慌张，用干净的毛巾或清水清理干净。

四、筷子超人

◎ **游戏目标：** 按照示意图，用筷子将饺子等食物进行分割。

◎ **游戏准备：** 筷子 1 双；自制仿真饺子模型若干；盘子 1 个；自制立体"宝宝"模型 1 个；1～5 数字卡片；筷子绞饺子示意图。

◎ 游戏玩法：

1. 将自制仿真饺子模型、盘子、自制立体"宝宝"模型放于桌面。

2. 自选一张数字卡片，粘贴在自制立体"宝宝"模型的一侧。用筷子夹取相应数量的饺子放于盘中，利用筷子将饺子进行分割。（筷子分割食物的方法：首先，用右手正确持筷，夹住食物要分割的中间部位，然后左手辅助捏住筷子，通过扭动筷子使食物分割开。）

3. 将分割的饺子喂给自制立体"宝宝"模型。

4. 喂完后，可再次选择一个数字卡片，继续分割喂给宝宝。

5. 游戏结束后，将材料整理好并放回原位。

◎ 游戏指导：

1. 操作前要对幼儿进行安全用筷子教育，不要将筷子对准自己或他人。

2. 拿取自制仿真饺子时，注意观察幼儿握筷子的姿势是否正确，适当予以指导。

3. 在分割饺子过程中，提示幼儿尽量夹紧饺子的中间位置，以免饺子从两筷子之间溜出。

4. 在分割饺子时，注意观察幼儿操作，如遇到夹不断的情况，及时给予帮助。

五、小·小·美发师

◎ **游戏目标**：根据图示，练习梳高马尾、双马尾等简单的头型。

◎ **游戏准备**：娃娃1个；梳子1把；皮筋、夹子若干；梳高马尾发型、双马尾发型图示。

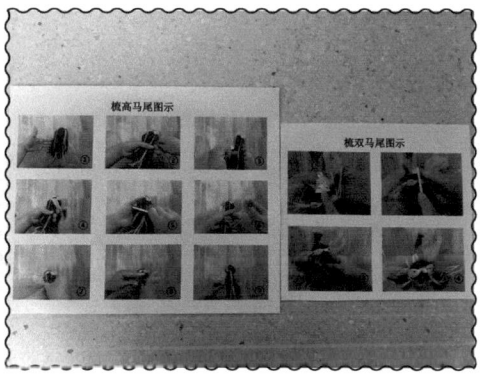

◎ **游戏玩法**：

1. 选取梳子和皮筋，将娃娃头发全部疏通。

2. 依据图示梳高马尾。（梳高马尾方法：手掌打开，大拇指伸出，其他四根手指并拢，四指从头发下边插入，拇指在上，攥住头发根部，将头发全部攥到手中。另一只手拿起梳子梳头，一边梳一边向上拉，调整马尾高度。调整合适后，手掌不动，手指可以随时活动，梳子向上梳理，手将梳理的头发抓到一起，先梳后面，再梳两侧，最后梳前面，梳理整齐后，一手放下梳子，五指撑开皮筋，换拿皮筋的手攥住头发，另一只手配合皮筋系住头发。若没系紧，则旋转一圈再系住头发，直至头发梳紧。）

3. 梳双马尾时，依据梳双马尾图示梳头。（梳双马尾方法：用一根手指从头顶中间向上画一条直直的线，到头发处，再用梳子头沿头顶中间向后画直线，到后脑勺底部发根处。用手将头发分成两份，一份先用夹子固定到一边，再用梳高马尾的方法梳一侧头发，梳好后，再梳另一侧即可。）

4. 发型梳好后，将娃娃放到展示区，工具和材料放回原位。

◎ 游戏指导：

1. 整理马尾高度和梳理头发时，要及时提醒幼儿将头发梳顺后再系皮筋。

2. 梳理头发时，提示幼儿手要贴紧头皮，攥住头发根部，以免在系皮筋过程中，发型不能梳到合适高度并散落。

3. 系较大皮筋时，可能需要多系几圈儿，此过程对部分幼儿有一定难度，可对幼儿予以指导。

4. 注意在梳双马尾时，观察幼儿是否将两边头发分均匀，且是否将一侧头发全部固定，及时予以指导。

大班

一、百变扣子

◎ 游戏目标：根据图示，练习系生活中常见的扣子。

◎ 游戏准备：带有牛角扣、蘑菇扣、D字扣、猪鼻扣等扣子的不织布自制衣物若干；牛角扣、蘑菇扣、D字扣、猪鼻扣等扣子使用方法图示；带有扣子种类、数量的任务单若干。

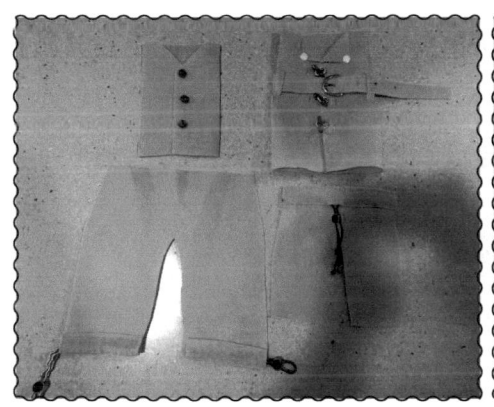

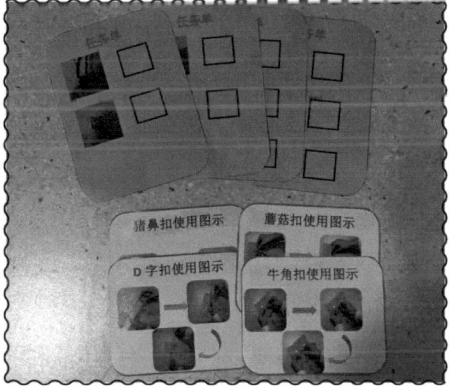

◎ 游戏玩法：

1.随机抽取一张任务单，根据任务单上的任务要求，选取对应自制衣物。

2.查找对应图示，依据图示将扣子系好或进行调整。（牛角扣系法：一只手拿起将牛角扣的一端穿过扣绊绳，另一只手拿住穿过的牛角扣一端。然后两只手分别捏住牛角扣和扣绊绳，向外用力，直至扣子完全穿过扣绊绳即可。蘑菇扣系法：衣物领口对着自己，一手两指捏住蘑菇扣的边缘对准扣眼，向扣眼用力。蘑菇扣一部分穿过扣眼后，大拇指向前推，食指向下按压扣眼一侧衣服，直至蘑菇扣完全穿过扣眼。D字扣系法：一只手拿着带子，另一只手捏住D字扣两边，将带子的一端从下向上穿过 D 字扣的孔洞。根据带子的长度和需求，拉拽带子调整带子在 D 字扣中间位置，确保带子牢固且长度合适。将横杠插入对应的孔洞即可。猪鼻扣调节方法：一只手拇指在上，食指在下按住扣身按钮，另一只手拉住皮筋下端。根据所需松紧程度，向上或向下移动扣身，调整到合适位置后松开按住扣身按钮的手即可。）

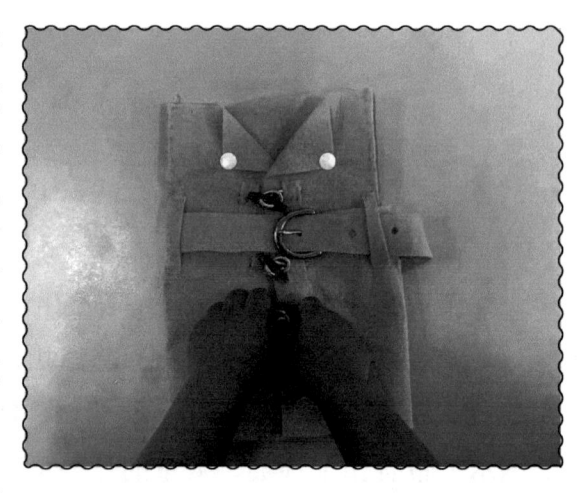

3.完成任务单后，将任务单与自制衣物放回原处。再次抽取任务单进行游戏。

4.游戏结束后，将所有材料整齐地放回原处。

◎ 游戏指导：

1.任务单要求除了有扣子种类，还要体现扣带松紧的要求。

2.本游戏所提供的扣子对幼儿手部精细动作要求较高，可依据幼儿情况适时帮助或调整扣子种类。

3.可在同一件衣服上设置多种扣子供幼儿操作，增强游戏的趣味性。

二、袜子包秋裤

◎ 游戏目标：根据图示，搭配秋裤和袜子，练习帮娃娃用袜子包住秋裤裤脚。

◎ 游戏准备：秋裤、袜子、娃娃若干；秋裤掖进袜子里图示。

◎ 游戏玩法：

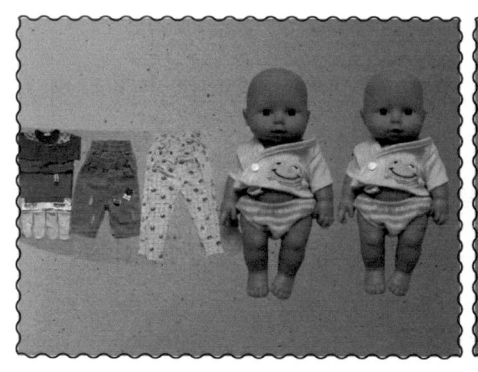

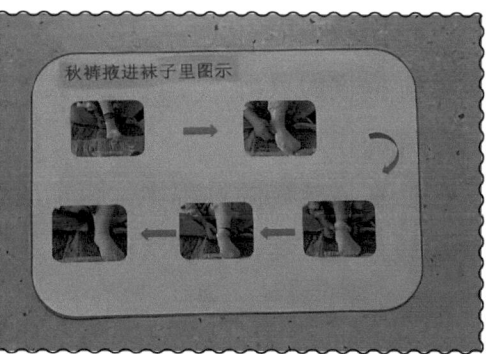

1. 自选一条秋裤和一双袜子。

2. 为娃娃穿上秋裤与袜了。穿好后按照秋裤掖进袜子图示，帮娃娃把秋裤整齐地掖进袜子。（依次为娃娃穿上秋裤和袜子。秋裤和袜子穿好后，双手将裤脚向上拉，露出袜子与小腿。然后双手捏住袜子口，将袜筒向下翻折。将秋裤裤脚向下拉至脚腕位置，双手捏住袜子口向上拉，将秋裤裤脚完全包住即可。）

3. 为娃娃掖好秋裤后，再重复上述步骤为其他娃娃穿好秋裤和袜子。

4. 游戏结束后，将所有材料收拾整齐并放回原处。

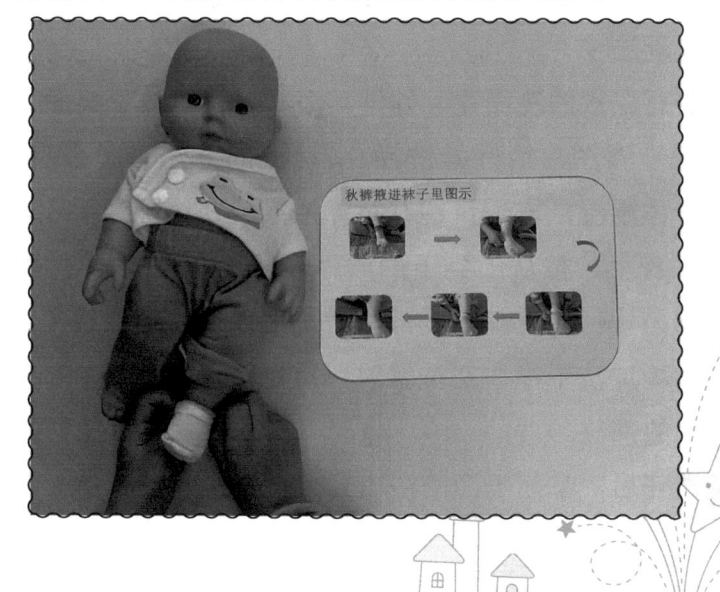

◎ 游戏指导：

1. 提供的秋裤不要过肥过大，游戏初期可为幼儿提供束脚秋裤方便幼儿操作。

2. 在掖秋裤的过程中，可适时提示幼儿将秋裤掖整齐。若秋裤裤脚比较松，可尝试一手扶秋裤，一手拉袜子。根据情况适时调整。

三、洗浴能手

◎ 游戏目标：按照步骤图，练习用正确的方法给娃娃洗澡。

◎ 游戏准备：装有温水的洗澡盆1个；浴巾1条；娃娃1个；婴儿床1张；洗澡步骤图。

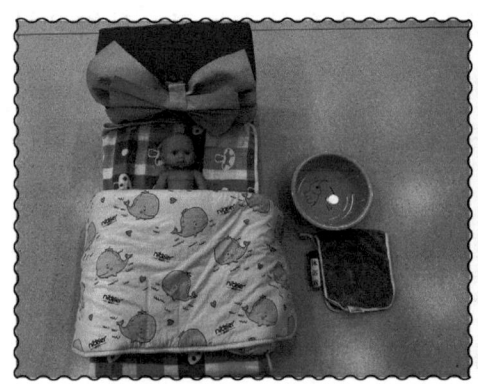

◎ 游戏玩法：

1. 将装有温水的洗澡盆、娃娃、浴巾等材料放于桌面。

2. 依据步骤图，给娃娃洗澡。（洗澡的方法：脱去身上的衣物，用温水将身体浸湿，取适量的儿童沐浴露放在浴球或手上，揉出泡沫后，涂抹在身上，按从上到下的顺序轻轻地搓洗脖子、肩膀、手臂、胸前、腹部、背部、臀部和腿部。搓洗完成后，再次用清水冲洗，确保泡沫和污垢冲洗干净。在洗澡时，重点清洗腋下、脚部等容易出汗和藏污纳垢的部位。）

3. 清洗完后，拿起干净的浴巾轻柔地擦拭娃娃身体上的水分。

4.给娃娃穿好衣服，放到小床上哄睡。

5.游戏结束后，将盆中的水倒掉，将材料放回原位。

◎ **游戏指导：**

1.在洗澡前，要对幼儿进行安全教育，提示幼儿洗澡时间不宜过长，以免身体过度失水。

2.在洗澡时，提示幼儿力度适中搓洗皮肤，以免搓破皮肤的角质层，使皮肤变得敏感。

3.洗完澡后，提示幼儿注意脚下，避免滑倒摔伤。

四、小小分餐员

◎ **游戏目标：** 依据示意图，扮演打饭员熟练使用工具进行分餐。

◎ **游戏准备：** 夹子、勺子等分餐工具若干；自制食物模型若干；三格盘、汤碗若干；自制立体"宝宝"模型1个；围裙、帽子、口罩1套；印有不同所需食物的任务单若干；分餐对应工具示意图。

◎ 游戏玩法：

1. 双手洗净后穿戴好围裙、帽子和口罩。

2. 自选一张分餐任务单。

3. 观察分餐任务单并拿出相应的三格盘或汤碗。依据分餐工具示意图，选择相应的工具将食物分到对应的餐具中。

4. 完成一张任务单后，可再次选择一张任务单进行游戏。

5. 游戏结束后，清洗用过的餐具和工具，将材料放回原位。

◎ 游戏指导：

1. 操作前要对幼儿进行使用分餐工具安全教育，提示幼儿不要将分餐工具对准他人。

2. 使用工具进行分餐时，注意观察幼儿拿分餐工具的姿势是否正确，适当予以指导。

3. 在分餐过程中，提示幼儿拿稳分餐工具，以免食物掉落。

五、妈妈的新发型

◎ **游戏目标**：根据图示，练习借助盘发器、簪子等工具为妈妈盘发。

◎ **游戏准备**：娃娃模型、梳子、盘发器各1个；皮筋、簪子若干；盘发器使用图示。

◎ 游戏玩法：

1. 拿取梳子、皮筋，把娃娃模型的头发疏通并梳一个高马尾。

2. 依据盘发器使用图示给妈妈盘发。（盘发器使用方法：把盘发器中间打开，将马尾从盘发器中间穿过，两只手分别捏住盘发器开口的两端，夹紧头发往下拉，拉到发尖处，从下往上卷，卷到马尾根部，双手往下掰，将盘发器掰成圆，整理圆圈，将头发整理光滑。）

3. 选取一根皮筋，双手撑开，系到丸子头上，若皮筋没有和丸子头紧密贴合，一只手扶住丸子头，另一只手撑开拿起皮筋旋转再系到丸子头上，直至系紧丸子头固定住即可。

4. 拿取一个发簪，一只手扶住丸子头，另一只手拿发簪根部，将发簪尖部穿入丸子头中。

5. 妈妈的新发型完成后，放到展示区，工具和材料放回原位。

◎ **游戏指导：**

1. 使用盘发器前，提示幼儿将高马尾梳理整齐，不要出现打结或缠结的情况，可以减少对头发的拉扯。

2. 在使用盘发器时，提醒幼儿将头发均匀地卷入盘发器中，避免出现头发不均匀或者盘发器固定不牢的情况。

3. 在调整发型细节处理方面，幼儿可能出现做得不到位的情况，可根据情况予以指导。

第三章 物品整理

小班

一、各不相同的食物

◎ **游戏目标**：依据任务卡，按照食物类别进行分类并整理。

◎ **游戏准备**：不同类别图卡收纳袋若干；装有蔬菜、水果不同类别图卡的收纳盒2个；印有干果类、根茎类、叶菜类等类别的任务卡、答案对照卡若干。

◎ **游戏玩法**：

1. 自主选择一张任务卡。

2. 观察辨别任务卡食物类别，选取对应种类收纳盒，同种类别的食物图卡粘贴到相应的任务卡上。

3. 完成任务后，参考相应类别答案对照卡进行验证，如不正确，及时进行修改。

4. 全部验证正确后，将该任务卡上的食物图卡，装入相应袋子中进行整理。整理完成后，可选择下一任务卡继续游戏。

5. 游戏结束后，将分类整理好的食物收纳袋放到展示区，所有物品放回原位。

◎ **游戏指导：**

1. 在提供游戏材料时，可根据幼儿情况，适当对任务单进行难易程度的调整（数量或种类）。在游戏初期任务卡上和实物图卡背后可贴同一颜色贴纸作提示，若未能归类，幼儿可凭颜色自行找到答案。

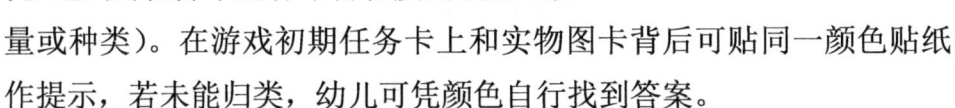

2. 幼儿操作时，可根据幼儿游戏情况，适当引导幼儿仔细观察，按照水果和蔬菜的同一类别来进行分类。（水果类别：肉质果，干果。蔬菜类别：根茎类，叶菜类，鲜豆类等。）

二、小小理货员

◎ **游戏目标：** 选图放物，根据提示整理物品。

◎ **游戏准备：** 用毛毡板自制带有水果店、蔬菜店、饮品店等店铺图片的底板若干；不同水果、蔬菜、饮品等带有背胶的卡片若干；印有各店铺物品摆放位置的任务单等。

◎ 游戏玩法：

1. 自主选择一张任务单。

2. 根据任务单上的内容挑选出相应物品的卡片。

3. 将挑选出的物品卡片贴在相应店铺货架的对应位置。

4. 完成本店铺理货后，可再次选择任务单，继续将其他店铺的物品进行整理。

5. 游戏结束后，将货架放置展示区，其余材料放回原处。

◎ 游戏指导：

1. 操作前提示幼儿在选择任务单后，仔细观察并找到与其对应的店铺。

2. 提供的各店物品卡片应混合在一起。

3. 注意观察幼儿摆放顺序是否准确，及时给予指导。

4. 可根据幼儿情况更换店铺及商品的种类。

三、帽子叠叠乐

◎ **游戏目标**：学习使用叠摞的方法将棒球帽、渔夫帽等帽子收纳整齐。

◎ **游戏准备**：长檐帽子、短檐帽子摞放步骤图示；渔夫帽、棒球帽等帽子若干、整理箱1个。

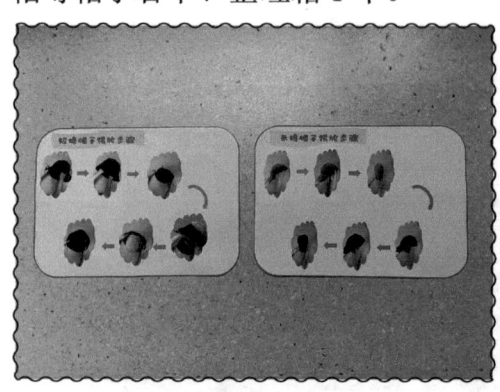

◎ **游戏玩法**：

1. 取出一顶帽子，观察判断帽子类型，拿出对应的摆放方法图示。

2. 参照图示，按步骤将帽顶撑起，双手撑住放置于平面。选取同类型帽子，依据摞放步骤图示整理帽子直至同类帽子整理完成。（短檐帽子摞放步骤：将帽顶撑起放于平面，下一顶帽子撑起套放在第一顶帽子之上，以此类推。长檐帽子摞放步骤：将帽顶撑起，边缘捋平，手拿帽檐，帽檐朝同一方向一个一个地摆放起来。）

3. 游戏结束后，将帽子收纳回整理箱并放回原处。

◎ 游戏指导：

1. 提供的图示要清晰具体，能够说明摆放方法。

2. 游戏准备的帽子大小、种类尽量统一。如果帽子大小各异，要引导幼儿小帽子在下、大帽子在上进行摆放。

3. 观察幼儿摆放过程，适时提醒幼儿将帽子捋平，注重细节。

4. 根据幼儿操作情况，可适当提供帽托等辅助工具，降低收纳难度。

四、叠衣服

◎ 游戏目标：根据任务单，依照图示练习运用对折法将简单衣服整理整齐。

◎ 游戏准备：画有不同数量衣服、裤子的任务单若干；上衣、裤子对折法图示；小贴纸若干；上衣、裤子若干；收纳箱1个。

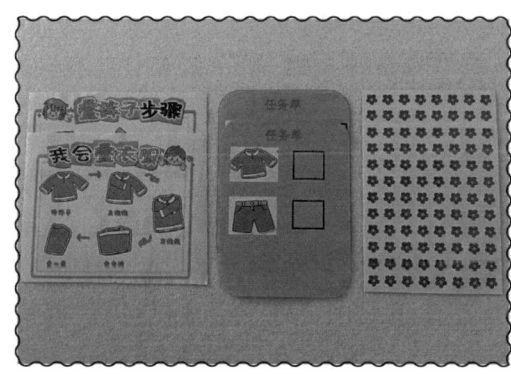

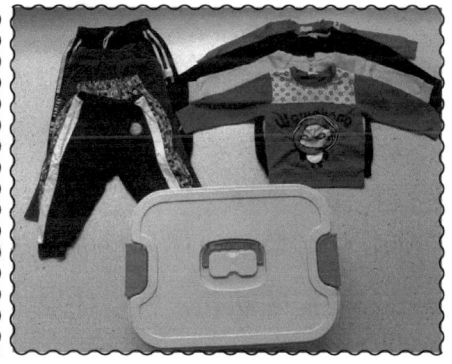

◎ 游戏玩法：

1. 自主选择一张任务单及相应图示，认真阅读任务单上需要叠的衣服种类与数量要求。

2. 根据任务单，找出与任务单上的要求相同种类与数量的衣服。

3. 按照图示，使用对折法将衣服叠好。（上衣对折法：先将上衣正面朝上平铺于平面，再将一边的袖子向中间折叠，另一边同样折叠搭在上一只袖子上。双手拿住衣服下端向领口对折。对齐后再左右对折。裤子对折法：将裤子正面朝上平铺于平面，一手捏住一侧裤腰，另一手捏住裤脚对折；使裤子的裤腰与裤腿完全重合。最后双手拿起裤脚向上对折即可。）

4.完成所有叠衣要求后，在任务单上贴上小贴纸，再次抽取任务单进行游戏。

5.游戏结束后，将衣服放回整理箱，材料收拾整齐并放回原处。

◎ 游戏指导：

1.任务单上的任务数量不宜过多，1～3件为宜。

2.要提醒幼儿一件一件地将所需衣服拿出，不要乱翻乱扔，养成良好的生活习惯。

3.在提供衣服时，尽量提供正反明显的套头长袖上衣和长裤。观察幼儿操作情况，在幼儿熟练掌握叠衣方法后，可提供开衫丰富游戏内容，增加游戏难度。（开衫对折法：一只手捏紧一侧前襟领口位置，另一只手捏紧同侧下摆向中间折叠；另一侧同样向中间折叠对齐。再将一面袖子向中间折叠，另一面同样折叠搭在另一只袖子上。双手拿住衣服下端向领口对折。对齐后再左右对折。）

4. 在叠衣过程中，根据幼儿操作情况，适时提醒幼儿注意细节，将衣服叠平，叠整齐。

5. 在日常活动中要引导孩子分辨衣服正反与翻衣服的方法。在幼儿还未掌握翻衣服方法时，只提供里外正确的衣服，循序渐进。

五、我会挂裤子

◎ **游戏目标**：依据图示，尝试借助衣架将裤子运用中挂法整齐收纳。

◎ **游戏准备**：中挂法图示；长裤若干；衣架若干；自制衣柜1件。

◎ **游戏玩法**：

1. 自主选择一条长裤平铺在桌子上。

2. 将长裤对折，使其裤脚对裤脚、裤腰对裤腰，完全重合。

3. 取出一个衣架，依据图示，运用中挂法将裤子挂在衣架上。（中挂法：一只手拿着衣架，将衣架立在对折裤子的裤脚处；另一只手伸进衣架中并抬起裤脚，将衣架向前移动至

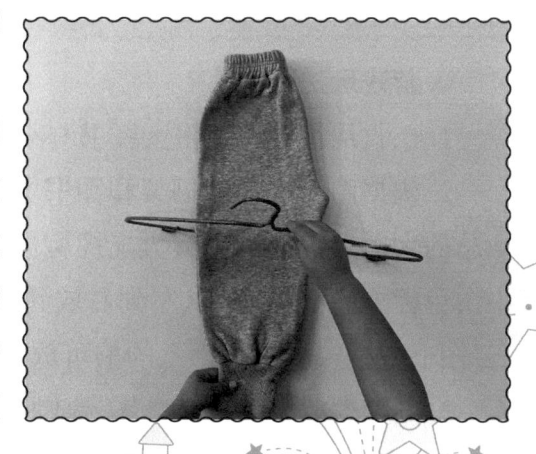

裤子中间处)。

4. 拎起衣架,整理裤子,将裤子挂入衣柜中。

5. 游戏结束后,所有物品收拾整齐并放回原处。

◎ **游戏指导:**

1. 操作前对幼儿进行安全提示,不要将衣架对准自己或他人。

2. 提示幼儿裤腰和裤脚的位置。

3. 要将衣架向前推至裤子的中间处,可根据幼儿情况,在裤子中间处做辅助线。

六、图书排排队

◎ **游戏目标:** 根据图示,将图书按大小摆放整齐。

◎ **游戏准备:** 贴有大老虎、小白兔标志的书架1个;装有大小两种贴有与书架上相同标志图书的收纳箱1个;书的整齐摆放图示。

◎ **游戏玩法:**

1. 在收纳箱中,找出大图书与小图书并分别摆放。

2. 依据图示,观看书架和图书上的标志,从左到右将贴有大老虎标志的大图书,放到贴有大老虎标志的层架中,依次排列;再将贴有小白兔标志的小图书,从左到右放到贴有小白兔标志层架中排列整齐。(若图书数量较多,一排上的书可放一本压一本。)

3. 图书摆放整齐后,将图示放回原位。

◎ **游戏指导：**

1. 从左到右的概念对小班幼儿来讲有一定难度，可通过箭头进行引导。

2. 在摆放图书时，注意观察幼儿摆放图书的上下、正反面是否正确，及时予以指导。

3. 摆放完毕后，可提醒幼儿查看书架上的书摆放得是否整齐美观。

4. 提示幼儿在拿取图书时，双手拿取，以免损坏图书。

中班

一、我会收食物

◎ **游戏目标**：根据食物特点，用分装罐、密封袋将其进行分类整理。

◎ **游戏准备**：饼干、豆类等零散食物若干；盘子若干；勺子、夹子各1把；按压式密封罐、密封袋各1个。

◎ **游戏玩法**：

1. 观察盘内食物，对食物进行分拣，将同一种食物放入同一盘中。

2. 根据食物特点，选择最优的收纳工具，逐一将食物进行整理。（选取密封袋整理：借助工具将食物平稳地放入密封袋内，大拇指和食指捏紧密封袋封条，从一侧向另一侧平稳滑动按压，使其自然合拢。选用密封罐

整理：借助工具将食物平稳放入密封罐，食物全部放入后，双手向下按压瓶盖，盖好罐盖。）

3. 收纳完成后，所有材料整理好并放回原位。

◎ 游戏指导：

1. 数量多的食物，可多次操作，分装在多个收纳器皿中，直到全部进行收纳。

2. 提示幼儿在使用密封袋或密封罐时，封好袋口或瓶口，以免物品撒落。

3. 密封袋通常用于小件物品的收纳，适于随身携带。密封罐的储存效果通常更好，适合储存需要保持干燥或易碎的食物。游戏初期可为幼儿提供食物收纳对应卡，帮助幼儿判断选择密封袋或密封罐。

二、玩具收纳师

◎ **游戏目标**：通过抽卡游戏，辨别玩具种类选择合适的收纳箱进行收纳。

◎ **游戏准备**：不同类型的玩具若干；贴有不同玩具类型标签的收纳箱若干；装有玩具类型卡片的盲盒1个。

◎ **游戏玩法**：

1. 仔细观察贴在收纳箱上的玩具标签，并根据标签内容确定该箱可收纳的玩具类型。

2. 从盲盒中抽取一张玩具的卡片,并从玩具中将其找出。

3. 对照玩具类型标签将玩具放入对应的收纳箱中。完成后,反复进行游戏,直至将玩具全部收纳至对应的收纳箱中。

4. 游戏完成后,将所有材料整理好整齐地放回原处。

◎ 游戏指导:

1. 在操作前,提示幼儿爱护玩具,轻拿轻放。

2. 游戏中,提示幼儿每次只能抽取一张玩具卡片。

3. 注意观察幼儿收纳箱的选择是否正确,及时予以指导。

4. 根据幼儿情况,玩具标签可包括图片和文字。

三、听话的丝巾

◎ 游戏目标:依据图示,学习运用筒芯收纳法整理收纳丝巾。

◎ 游戏准备:丝巾、卫生纸筒芯、保鲜膜筒芯若干;筒芯收纳法图示。

◎ 游戏玩法：

1. 任意选取一个筒芯和一条丝巾。

2. 将丝巾平铺到桌面上，两手分别捏住丝巾的两端向上折叠对齐。拿起筒芯，把筒芯的侧面放到丝巾的短边上，比较长短。若丝巾长继续捏住长边两端向上折叠对齐，再次比较长短。重复操作，直到与筒芯一样长，停止折叠。

3. 依据图示，运用筒芯收纳法整理收纳丝巾。（筒芯收纳法：一只手拿起筒芯，大拇指放到筒芯外侧，其他四根手指放到筒芯内侧，另一只手拿起丝巾的短边，放到筒芯的侧面上。用拿筒芯的大拇指固定住丝巾，另一只手把丝巾一圈一圈缠绕在筒芯上。最后将丝巾的一角掖进筒芯和丝巾中间。）

4. 整理完成后，将整理好的丝巾放到展示区，其余材料整理好放回原位。

◎ 游戏指导：

1. 注意根据丝巾的大小选取对应粗细的筒芯。

2. 折叠丝巾宽度小于筒芯长度的概念，对于幼儿有一点难度，可根据幼儿情况给予指导。

3. 提示幼儿将丝巾折叠整齐再进行缠绕。在缠绕过程中，确保缠绕紧密且均匀，避免丝巾滑落。

四、收纳衣物小专家

◎ 游戏目标：根据任务单，练习依照图示运用翻卷法、口袋法叠袜子;将短裙用夹挂法收纳整齐。

◎ **游戏准备**:自制衣柜、收纳箱各 1 个;防滑裤夹若干;袜子、短裙等衣物若干;小贴纸若干;印有不同数量衣物的任务单若干;翻卷法、口袋法、夹挂法方法图示。

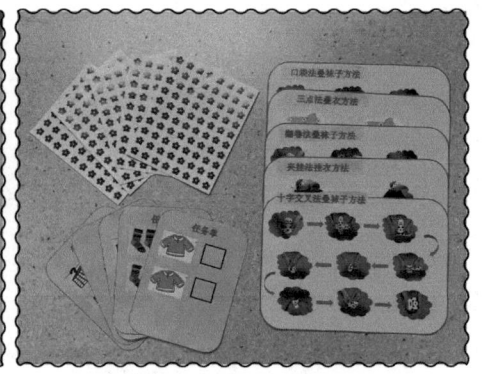

◎ **游戏玩法**:

1. 自主选择一张任务单及相对应图示,阅读任务单上需要叠的衣物种类与数量任务要求。

2. 根据任务单,找出一件对应衣物。选择适合的叠法图示。

3. 按照图示,使用恰当的方法将衣物叠好。(口袋法:袜子脚跟朝下平铺于平面,两只袜子重叠摆放。将上面的袜子袜口向中间折叠至中间位置,袜尖向中间折叠盖住袜口。然后下面的袜子先将袜口向中间折叠,再将袜尖全部塞入袜口,塞紧按平即可。翻卷法:袜子脚跟朝下平铺于平面,两只袜子重叠摆放。将两只袜子从袜尖位置向袜口方向连续卷直至边缘位置。一只手抓住袜子卷,另一只手撑开里面袜子的袜口向外翻,

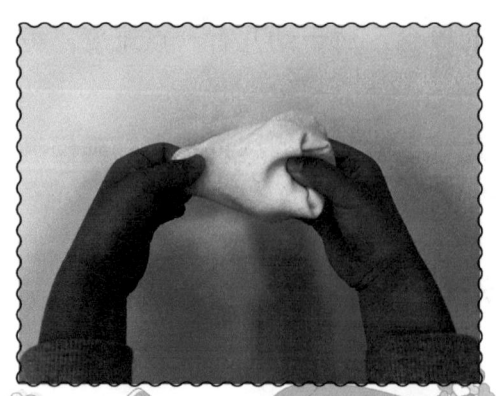

包住袜子卷即可。夹挂法：一只手拿裤子或裙子腰部位置，另一只手捏开衣夹。分别将两个衣夹夹住衣裤即可。）

4. 继续找寻任务单上的其他衣物并叠好，直至完成任务单上的所有任务。在已完成的任务单上贴上小贴纸。再次抽取任务单进行游戏。

5. 游戏结束后，将衣物放回收纳箱。其他物品放回原处。

◎ **游戏指导：**

1. 夹挂法适用于短裙、短裤等衣物；口袋法、翻卷法适用于长筒袜子。在衣物的提供上要注意适宜性，尽量提供松紧性好的袜子，避免翻卷法不易翻卷。

2. 要提醒幼儿一件一件地将所需衣服拿出，不要乱翻乱扔，养成良好的生活习惯。

3. 在整理过程中，根据幼儿操作情况，适时为幼儿提供帮助指导，提醒幼儿注意细节，将衣物整理整齐。加挂法要将衣物展平夹好。

五、我会叠袜子

◎ **游戏目标：** 根据任务单，依照图示运用饺子法叠船袜。

◎ **游戏准备：** 饺子法叠船袜的图示；叠放船袜的任务单若干；装有若干船袜的盒子、袜子收纳盒1个。

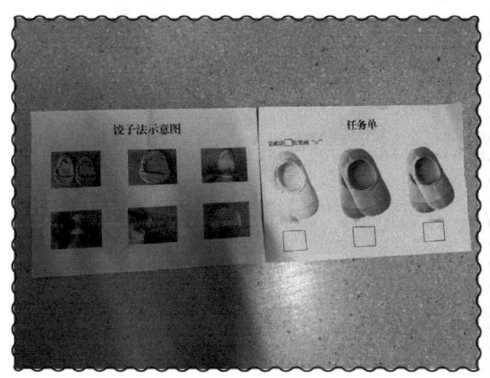

◎ **游戏玩法：**

1. 自主选择一张叠放船袜的任务单。

2. 依据任务单，在盒子中取出相应数量且成对的船袜。

3. 将成对的船袜脚尖、脚跟对齐叠放在一起。依据图示，使用饺子法进行卷叠。（饺子法：从袜尖开始卷叠到袜口位置，将卷好的部分塞进下面袜子的袜口中。）

4. 任务完成后，将叠好的船袜，摆放到袜子收纳盒中并将任务单放回原位。

◎ **游戏指导：**

1. 选择任务单时，提示幼儿完成一张任务单后再进行下一个任务。

2. 注意观察幼儿卷叠时方法运用是否正确，及时予以指导。

3. 提示幼儿双手协作进行卷叠船袜。

六、图书比一比

◎ **游戏目标：** 模拟图书管理员，按颜色、大小排列顺序将图书摆放整齐。

◎ **游戏准备：** 贴有红、黄、绿标志的书架1个；装有与书架上贴有相同标志图书的收纳箱1个。

◎ 游戏玩法：

1. 从收纳箱中将杂乱的图书，按书上的颜色标志进行分类。选择一个颜色标志类别，将分好颜色的图书，按从大到小的顺序进行排列。

2. 三个颜色的书都排列完成后，先选择一种颜色标志的图书，按排列顺序依次摆放在书架贴有对应颜色标志的层架上。再依次将其余颜色进行摆放，直至所有图书整理完成。

3. 整理完成后，再次检查图书是否摆放正确。

◎ **游戏指导：**

1. 在摆放图书时，观察两本图书之间的距离，提示幼儿均匀摆放图书。

2. 注意观察幼儿摆放图书时是否将图书与颜色标志对应正确，要从大到小、从左到右依次摆放。

3. 提示幼儿在拿取图书时，双手拿取，以免损坏图书。

大班

一、我会储存食物

◎ **游戏目标**：观看食物存放条件图卡，辨别适合的存放方法，正确将食物摆放到相应位置。

◎ **游戏准备**：食物存放条件图卡若干；果蔬、生鲜等各种食物模型若干；保鲜袋、保鲜盒、一次性手套若干；自制冰箱1台；自制可体现通风、避光等存放条件的场景1套。

◎ **游戏玩法**：

1. 选择一张食物存放条件图卡，观察食物的存放条件。

2. 戴好一次性手套，依据图卡提示，依次选择一种食物，装入适合的器皿中，进行分类整理，直至完成所有食物打包。（器皿使用方法：保鲜袋保鲜食物时，用手将适量食物装入袋中。尽量挤出袋内空气，手指按压密封口，捏紧起点划至终点，检查并确保紧密性。保鲜盒保鲜食物时，将食物放置保鲜盒中，保鲜盒盖与盒边缘重合，向下轻轻按压盖紧密封盖，检查确保密闭性。）

3. 将打包好的食物依据图卡提示内容放入符合存放条件的相应位

置，如避光处、通风处、冰箱内等。

4. 游戏完成后，将材料收拾整齐并放回原处。

◎ 游戏指导：

1. 操作前介绍图卡存放条件内容和器皿的使用方法。

2. 幼儿操作过程中，依据幼儿情况适时予以指导。

3. 提示幼儿保鲜盒和保鲜袋食物不宜过满，以免漏出。

二、最佳收纳法

◎ 游戏目标：选取适合的收纳工具摆放物品，依据答案对照卡，找出收纳的最佳方法。

◎ 游戏准备：放有迷你衣物、白乳胶、发卡、饰品等若干生活常见物品的箱子1个；放有晾衣架、收纳盒等相对应收纳工具的收纳柜1个；最佳收纳方法、物品与对应收纳工具的答案对照卡各1张。

◎ 游戏玩法：

1. 自主选择箱子里的一件物品，观察物品特征。

2. 在收纳柜中选取不同的收纳工具尝试进行收纳，反复比较确定最佳工具进行收纳。

3. 参考答案对照卡，查验是否是最佳方法，若有出入，根据答案对照卡进行调整，放置到最佳位置。

4. 反复进行上述操作，将箱子中的物品收纳完成。

5. 游戏结束后，将所有物品放回原位。

◎ 游戏指导：

1. 操作前要对幼儿进行工具使用安全提示，保障幼儿安全。

2. 选择游戏材料时，尽量选择生活中常见物品，以便幼儿操作。

3. 观察物品特征时，可根据幼儿操作情况适时引导幼儿按照物品大小、高矮、粗细、弯直等特征进行观察。

4. 注意幼儿在收纳时，是否运用最佳收纳工具进行收纳，并注意收纳整齐度。

三、配饰回家

◎ **游戏目标**：选择适当的方法，将不同配饰收纳到各种器材中并整理整齐。

◎ **游戏准备**：发箍、戒指、手链、发卡、耳环等配饰若干；印有最佳收纳方式的答案卡1张；硬纸发卡3张；心形海绵戒指盒1个；三层折叠收纳盒1个；用纸筒自制的发箍收纳架1个。

◎ 游戏玩法：

1. 自主选择配饰。

2. 拿起配饰选择最佳收纳器材，对同类饰品依次进行收纳，直至全部收纳完成。

3. 全部收纳完成后进行检查，及时调换。再与答案卡进行比较，找出最佳收纳方式。

4. 游戏结束后，将整理好的饰品放入展示区，其余材料放回原位。

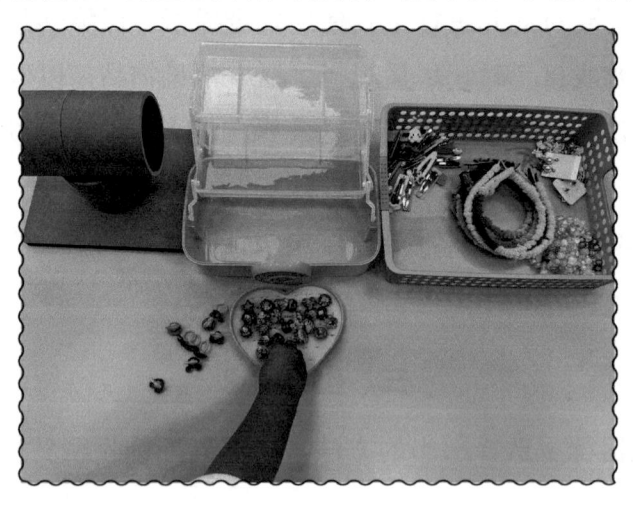

◎ 游戏指导：

1. 操作前可提示幼儿先了解收纳器材和所需收纳的配饰。

2. 提示幼儿按照配饰的类别、大小、数量、形状等方式进行收纳。

3. 注意观察幼儿收纳是否正确，及时给予指导。

四、整理衣服包

◎ **游戏目标**：依照图示练习三点法、裤腿翻折法、成套整理法收拾整理衣服，将衣服整齐地收纳在包中。

◎ **游戏准备**：收纳箱、旅行包各1个；成套衣服、长裤、上衣若干；三点法、裤腿翻折法、成套整理法叠衣图示；印有不同种类、数量衣物的任务单若干；小贴纸若干。

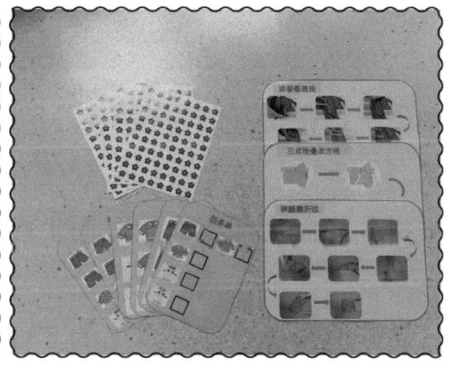

◎ **游戏玩法**：

1. 自主选择一张任务单及相应图示，认真阅读任务单上需要叠的衣物种类与数量任务要求。

2. 根据任务单，找出任务单上对应的衣物。

3. 按照图示，使用恰当的方法将衣服叠好。（三点法：将上衣正面朝上平铺在平面。一只手用拇指与食指捏住肩膀位置，另一只手捏住同侧腋下位置。拎起衣服并反铺在平面，将肩膀位置向下对折，一只手同时捏住同侧肩膀位置与下摆边缘。双手将衣服提起向下放使袖子铺在平面，再将衣服折叠盖住袖子即可。裤腿翻折法：将裤子正面朝上平铺；一只手捏住裤腰，另一只手捏住同侧裤脚对折，使两条裤腿完全重合。两手从裤腰处向下卷裤腿直至裆部。将上面的裤腿沿裤卷向上翻折后继续将裤腿卷至下面裤腿的裤脚。一只手拿起裤卷，另一只手伸入翻折在外的裤腿，将裤腿向外翻完全包住裤卷，整理整

齐即可。成套整理法：先将上衣反面朝上平铺，裤子对折好平铺在衣服中间，裤腰与领口平齐。一只手拎起上衣的一只袖子，另一只手拎同侧衣摆沿裤子向中间对折。衣摆折好后，捏袖子的手往后回折，使袖子平铺在折好的衣摆上。另一侧用相同方法叠好。双手将裤脚沿衣摆向上折叠后再双手同时捏住衣领与裤腰向下翻折与裤脚口对齐。最后将下侧裤腿和衣服同时向上翻折塞入衣服与裤子之间，收拾整齐即可。）

4. 继续找寻任务单上的其他衣物并叠好，直至完成任务单上的所有任务。在已完成的任务单上贴上小贴纸。再次抽取任务单进行游戏。

5. 游戏结束后，将衣服放回收纳箱。其他物品放回原处。

◎ **游戏指导：**

1. 要提醒幼儿一件一件地将所需衣服拿出，不要乱翻乱扔，养成良好的生活习惯。

2. 使用三点法时幼儿不容易找三点的位置，可提供在肩膀、腋下、下摆标好点的衣服，辅助幼儿找合适的点叠衣服。在操作过程中，捏紧衣服的手始终不要松开。在提供衣服时要尽量轻薄。

3. 裤腿翻折法适用于长阔腿裤，注意材料的提供，不要提供束口裤。

4. 成套整理法要提供配套衣服，随意搭配要注意大小匹配。

5. 本游戏中的三种衣服叠法对技巧性要求较高，要注意提供图示的清晰性。在观察过程中，根据幼儿遇到的问题实时提供帮助或调整图示。

五、挂衣有方法

◎ **游戏目标**：练习利用半身隐藏法、三角折挂法等方法整理吊带、毛衣等衣服。

◎ **游戏准备**：半身隐藏法、三角折挂法整理衣服图示；放有毛衣、吊带等衣服的衣服筐1个；衣架若干；自制衣橱1个。

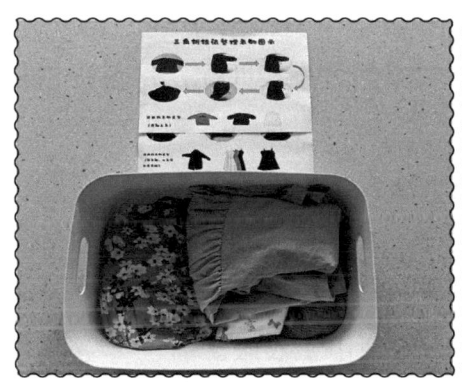

◎ **游戏玩法**：

1. 从衣服筐中取出一件衣服，平铺在桌面上。

2. 选择与其相对应的整理衣服的图示。

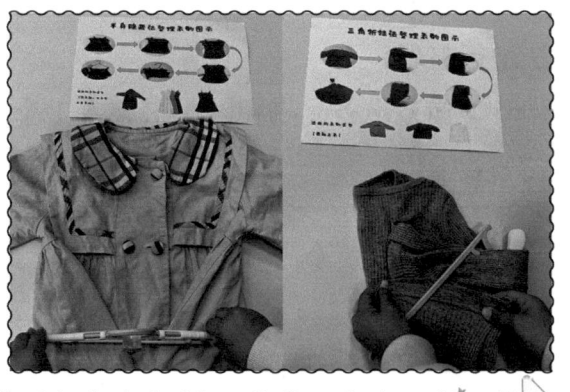

3. 观察图示，根据图示步骤使用半身隐藏法或三角折挂法整理衣服。（半身隐藏法：一只手捏住衣服腋下位置，另一只手捏住与其方向相同的衣服下角，双手捏紧对应位置后，捏住腋下位置的手不动，另一只手将衣服下角向上翻折，形成一个小三角，另一边方法相同，使两侧衣服下角重叠，衣服底端形成一个大三角。拿取一个衣架，横立在大三角中间位置，将衣服底端大三角处放入衣架中间，拿起衣架，向上移动至领口处，再将衣架两端塞入衣服领口中。

三角折挂法：一只手捏紧衣服的一只袖口，另一只手捏紧同侧衣服下摆进行对折，使两只袖口对齐、左右下摆对齐，将衣架的衣钩平放在腋下处，衣钩在腋下方向露出，再将袖子、下摆穿入衣架中。）

4. 完成后，将整理好的衣物挂在衣橱中，其余材料收拾整齐并放回原处。

◎ **游戏指导：**

1. 准备材料时需注意衣架与准备衣服的大小相匹配，尽量提供相对较薄的衣服。

2. 提供的图示要清晰，能够体现折法步骤。

3. 半身隐藏法适用于吊带、长裙、大衣、连衣裙等长身衣服；三角折挂法适用于毛衣、卫衣等半身带袖上衣。

4. 提示幼儿仔细观察，所选图示是否适用于衣服。

5. 对齐衣服对于幼儿来讲可能有一定难度，应适时给予指导。

六、整理小书柜

◎ **游戏目标**：自主将图书按软、硬装书进行分类，运用合适的方法进行整理。

◎ **游戏准备**：书柜、小书架各1个；收纳盒2个；装饰品、各种图书若干。

◎ 游戏玩法：

1. 先清空书柜上所有物品。

2. 对图书进行分类、整理。将近期不看的图书整齐地放到收纳盒，然后放到书柜的中间最下边格子。近期要看的图书按软硬进行分类，可以将硬皮书放到书柜左边一竖排的格子里，软装书放到书柜右边一竖排的格子里。在往书柜上摆放硬皮书时，可按图书的大小、颜色、高矮来选择合适的格子竖立摆放，方便拿取。软装书可按同样的方法摆放。最后将杂乱的小图书放到书柜中间空着的小书架格子里的合适位置。

3. 图书整理完成后，可拿自己喜欢的装饰品放到书柜空着的位置对书柜进行装饰。

◎ 游戏指导：

1. 整理图书时，提示幼儿不常用的图书放到书柜下边，常用的图书放到书柜上边方便拿取。

2. 提示幼儿依据图书的大小，大图书放高格子，小图书放小格子。左低右高或是左高右低依次排开，颜色由深到浅，或者由浅到深依次排开。

3. 在摆放图书时，注意观察幼儿摆放图书的方向，书脊统一朝外放置。图书的书脊对齐并靠近柜沿。

第四章 工具使用

小班

一、我来搓一搓

◎ **游戏目标**：尝试使用小型软硅胶搓衣板将手绢、袜子、内裤等小型衣物清洗干净。

◎ **游戏准备**：内裤、饭单、袜子、手绢等小型衣物若干；小型软硅胶搓衣板使用方法图示；肥皂1块；肥皂盒、小型软硅胶搓衣板、盆子各1个；废水桶和装有水的桶各1个。

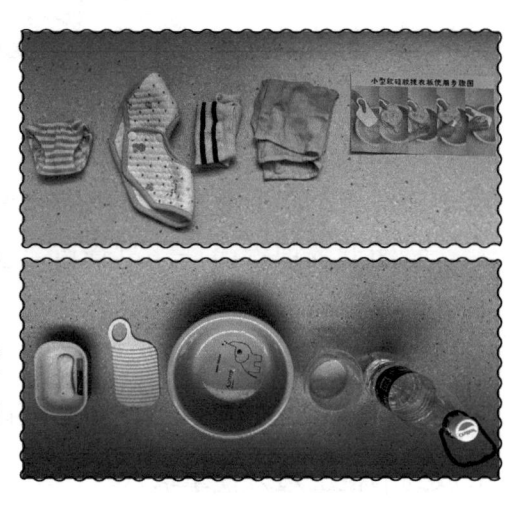

◎ **游戏玩法**：

1. 自主选择一件小型衣物。

2. 拿取盆子并在盆中倒入适量的水。将小型软硅胶搓衣板放置在盆中。

3. 依据图示，尝试使用小型软硅胶搓衣板将衣物搓洗干净。（小型软硅胶搓衣板使用方法：用手心托住搓衣板，将大拇指从搓衣板的孔洞中穿出，握紧搓衣板。将衣物在搓衣板上摊开，用盆里的水把搓衣板上的衣物浸湿，污渍处抹上肥皂。一只手拿搓衣板，另一只手从

上方握住衣物,掌根用力在搓衣板纹理上反复上下揉搓,直至污渍去除。)

4.衣物清洗干净后,将脏水倒入废水桶,换水洗净衣物上的泡沫,拧干晾晒。

5.游戏结束后,将材料收拾整齐并放回原处。

◎ 游戏指导:

1.小班幼儿对于适量水的概念不够清晰,可在盆中画上标注线,以免倒入水量过多或过少。

2.搓洗衣物时,用力要适度,既要保证清洗效果,又要避免对衣物造成不必要的磨损。

3.搓洗动作对小班幼儿有一定的难度,可根据幼儿情况适当予以帮助。

4.注意观察幼儿使用搓衣板的姿势是否正确,及时予以指导。

二、小小甜品师

◎ **游戏目标:**学习用黄油刀抹半固体食材,尽量将食材涂抹均匀。

◎ **游戏准备:**黄油刀1把;切片吐司面包1袋;果酱1瓶;盘子若干;黄油刀使用方法步骤图;一次性手套若干;帽子、围裙1套。

◎ **游戏玩法：**

1. 将帽子、围裙、一次性手套穿戴整齐。

2. 从袋中取出一片吐司面包平放在盘子上。

3. 用黄油刀的边缘取 3~4 次果酱涂抹在吐司面包上。

4. 依据图示，一只手持黄油刀，另一只手用手心托住面包片，用黄油刀面底部轻轻地将果酱均匀涂抹在吐司面包片表面。直至面包表面被果酱完全覆盖。（黄油刀的使用方法：用拇指和食指握住刀柄，其余手指轻轻支撑，保持稳固，但不要过于用力，刀面底部平放于食材上，将涂抹的调味品轻轻推开，均匀覆盖于食材表面。）

5. 面包涂抹完成后，放入盘中，进行品尝。

6. 游戏结束后，将黄油刀、盘子清洗干净，所有材料收拾整齐并放回原处。

◎ **游戏指导：**

1. 小班幼儿对于均匀涂抹的概念不够清晰，在操作前可提示幼儿涂抹果酱时，使果酱厚度尽量保持一致，没有大块堆积或裸露部分。

2. 注意观察幼儿手持黄油刀的姿势是否正确，及时予以指导。

3. 使用黄油刀涂抹果酱时，提醒幼儿要注意力度，避免破坏土司表面。

三、小小电钻工

◎ **游戏目标：** 根据图示，学习使用儿童电钻在木板上拧螺钉。

◎ **游戏准备：** 安全帽、护目镜、手套等安全防护工具 1 套；电钻的使用方法图示；儿童电钻 1 把；洞洞木板 1 块；螺钉 4 个。

◎ 游戏玩法：

1. 将安全帽、护目镜、手套佩戴整齐。

2. 拿取儿童电钻，明确要拧入螺钉的位置，将螺钉放进洞洞木板的其中一个孔洞中放置稳固。

3. 依据图示，正确使用儿童电钻拧紧螺钉。（儿童电钻的使用方法：找到电钻的电源开关，向上推动打开开关，右手五指握住电钻手柄，食指放置于电钻按钮上，将电钻的钻头对准螺钉头部，食指持续按压电钻按钮，垂直向下用力，将螺钉旋入到底，即可松开电钻按钮，慢慢移开电钻。）

4. 再次拿取螺钉重复操作，直至将螺钉全部安装完成。

5. 游戏结束后，关闭电源开关，将安装好的洞洞木板放入展示区，其余材料放回原位。

◎ 游戏指导：

1. 在操作前要对幼儿进行用儿童电钻时的安全教育。（检查开关是否完好无损，提示幼儿避免在潮湿的环境下使用电钻，除此之外还要提示幼儿佩戴好安全帽、手套和护目镜，以防意外发生。）

2. 在操作前检查儿童电钻的电量是否充足，批头与螺钉是否适配，以确保能够完成操作。

3. 注意观察幼儿手持电钻的姿势是否正确，及时予以指导。

4. 在操作时提示幼儿左手可扶住洞洞木板，保证木板稳固。

四、我来泡壶茶

◎ **游戏目标**：根据图示，熟悉玻璃泡茶壶的结构以及功能，练习使用茶壶泡茶。

◎ **游戏准备**：装有温水的水壶、玻璃泡茶壶各1个；水杯2个；红枣干、茶叶等泡水食材若干；玻璃泡茶壶结构图示；玻璃泡茶壶使用步骤图。

◎ **游戏玩法**：

1. 观察玻璃泡茶壶结构图示与使用步骤图。选取泡茶的食材。一只手拿起适量食材，另一只手四指握住泡茶壶手柄，大拇指按压壶盖与把手连接处打开壶盖。将食材放在滤网中。

2. 向泡茶壶中倒入适量温水，使水完全浸没食材。

3. 稍等片刻，一只手握住手柄拿起茶壶，壶嘴对准水杯，倒取适量的茶饮用。

4. 泡茶壶中的茶饮用完后，打开壶盖。大拇指和食指捏住滤网边缘，将滤网拿出，倒掉残渣。

5. 放回滤网，重复上述步骤继续冲泡下一壶水进行游戏。

6. 游戏结束后，冲洗泡茶壶与水杯，其余材料放回原处。

◎ **游戏指导：**

1. 在提供温水时要注意水的温度，既不可过低也不可过高，游戏前为幼儿做好安全教育，游戏过程中时刻关注幼儿，适时给予引导。准备的泡水食材可根据情况自由提供，但要适于幼儿饮用，注意食材之间不要相冲相克。

2. 幼儿进行本游戏前要将手洗净。

3. 倒水时要注意对准且适量，避免水洒落在外。适时提醒幼儿放置的食材越多，茶的味道越浓郁，可根据需求适量放置食材。

4. 游戏后期，可提供刷洗泡茶壶的方法技巧图示，让幼儿自主清洗茶壶。

五、小木夹大作用

◎ **游戏目标：** 学习小木夹的使用方法，使用小木夹将照片挂到照片墙上。

◎ **游戏准备：** 固定好绳子的照片墙；照片若干；小木夹若干。

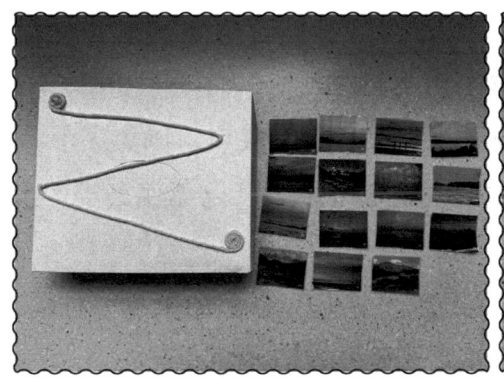

◎ 游戏玩法：

1. 自主选择喜欢的照片，将其摆放到桌面上。

2. 一只手扶住绳子，另一只手捏住木夹尾部，木夹夹口孔洞对准绳子，将小木夹夹到照片墙的绳子上。（小木夹的使使用方法：用拇指和食指分别捏住小木夹的上下夹臂，将木夹的两个夹片分开，松开捏住小木夹尾部的手，让小木夹夹紧物品。）

3. 一只手捏住已经固定到绳子上的小木夹尾部，另一只手拿住照片底部，让照片上端对准小木夹的夹口。夹好后，双手自然松开，将照片挂到照片墙上。重复操作，直到将所有喜欢的照片都挂好。

4. 游戏结束后可将照片墙放至展示区，其余材料放回原处。

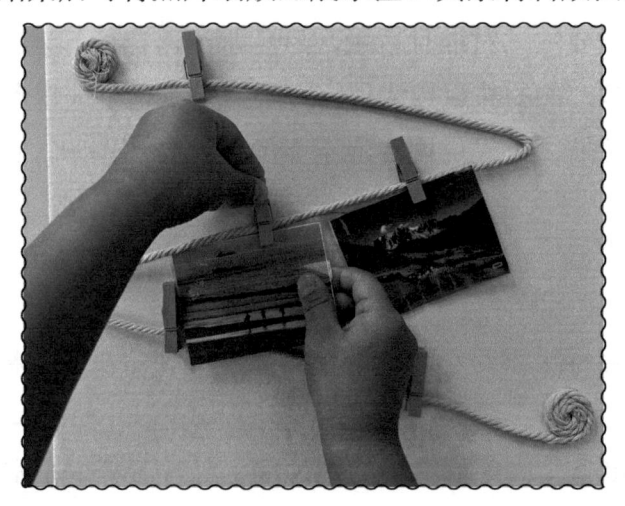

◎ 游戏指导：

1. 提供照片时，不宜过大，方便幼儿夹挂。

2. 提示幼儿使用木夹时，不要将手指靠近木夹夹口，以免夹手。

3. 在操作时提示幼儿使用小木夹时要适度用力，以免使夹子变形或手柄断裂。

4. 用木夹夹绳子时，将绳子夹到木夹孔洞中，以防所夹物品掉落。

5. 观察孩子使用小木夹的姿势是否正确，及时予以指导。

六、趣味剥蒜乐

◎ **游戏目标**：练习使用剥蒜神器，将蒜皮剥干净。

◎ **游戏准备**：剥蒜神器1个；蒜瓣若干；菜中所需大蒜数量的任务单。

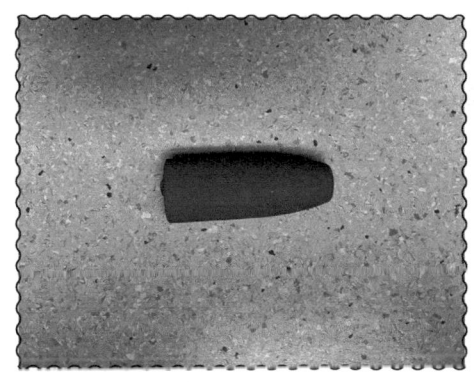

◎ **游戏玩法**：

1. 自选一张任务单，根据任务单中菜品所需蒜的数量将对应数量的蒜放到桌面。

2. 使用剥蒜神器，将取出的大蒜蒜皮剥干净。（剥蒜神器的使用方法：大蒜放入剥蒜神器中。将剥蒜神器放到两手手心之间，双手合十快速搓动。操作一段时间后，可将大蒜从神器中拿出，检查剥皮情况，如果大蒜上还有蒜皮可再次放入剥蒜神器中继续操作，直到将蒜皮剥干净。）

3. 操作结束后，可继续选择其他任务单按需要给蒜剥皮。

4. 游戏结束后，材料整理好并放回原位。

◎ 游戏指导：

1. 在游戏前提醒幼儿，摸过蒜后不要用手触摸眼睛。

2. 在操作过程中提醒幼儿剥蒜神器中的蒜量不宜过多，以免影响剥蒜效果。

3. 剥蒜神器需放置阴凉处，避免暴晒，以免影响其使用寿命。

七、进修小工匠

◎ 游戏目标：根据图示，练习使用儿童一字型螺丝刀将螺丝拧紧或取出。

◎ 游戏准备：使用一字型螺丝刀的步骤图；儿童一字型螺丝刀1个；洞洞积木、螺丝若干。

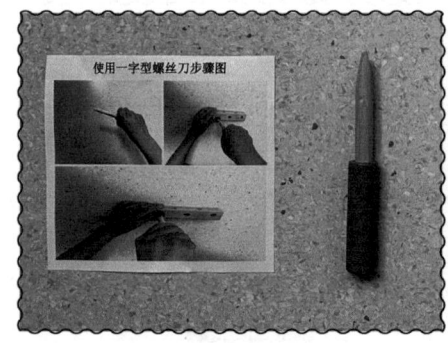

◎ 游戏玩法：

1. 选取一种洞洞积木，将螺丝放进洞洞积木的孔洞中，将螺丝放置稳固。

2. 依据图示，正确使用儿童一字型螺丝刀拧螺丝。（儿童一字型螺丝刀的使用方法：右手五指握住儿童一字型螺丝刀柄，左手扶住物体，将儿童一字型螺丝刀的刀头对准螺丝头垂直地插入螺丝顶部的槽中，向下用力，向右顺时针转动手腕，使螺丝旋转，直至螺丝完全嵌入螺丝槽中。再次拿取螺丝反复操作，直至将全部螺丝拧紧。安装完成后，再向左逆时针转动手腕取出全部螺丝。）

3. 完成后，可再次选取其他洞洞积木进行操作。

4. 游戏结束后，将材料整齐地放回原位。

◎ 游戏指导：

1. 操作前提醒幼儿不要将螺丝刀对准自己或他人。

2. 使用前检查螺丝刀刀头的大小是否和螺丝的槽契合。

3. 注意观察幼儿手持儿童一字型螺丝刀的姿势是否正确，及时予以指导。

4. 使用儿童一字型螺丝刀拧螺丝时，提示幼儿一定要将螺丝刀插入螺丝头的槽中，并用力抵住，集中注意力拧螺丝，避免刀口滑出槽口。

八、打圈小能手

◎ **游戏目标**：学习使用圆嘴钳将毛根打圈，为模型宝宝做发型。

◎ **游戏准备**：儿童专用圆嘴钳若干；毛根若干；模型宝宝若干；使用圆嘴钳图示。

◎ **游戏玩法**：

1. 自主选取 1 把儿童专用圆嘴钳、1 个模型宝宝、几根毛根放置于桌面上。

2. 依据圆嘴钳使用图示，用圆嘴钳将毛根进行打圈。（圆嘴钳的使用方法：拇指和其余四指分别放在两个手柄上，来控制钳子的开合。把物体放在圆嘴钳的圆嘴部分中间，确保物体放置平稳，圆嘴部分夹紧物体。然后，以手腕为中心，慢慢地转动圆嘴钳，带动被夹住的物体。可以在转动过程中调整钳子的方向和角度。）

3. 将打好圈的毛根从圆嘴钳上取下来，从前向后穿过模型宝宝上方的孔洞中，为模型宝宝做发型。

4. 完成操作后，可再次拿取毛根继续游戏。

5. 游戏结束后，将做好发型的模型宝宝放置到展示区，其余物品放回原位。

◎ **游戏指导：**

1. 游戏前对幼儿进行使用圆嘴钳安全教育，不要用圆嘴钳对准自己或他人。

2. 幼儿用圆嘴钳将毛根进行打圈时，提示幼儿左手不动，右手手腕转动，带动圆嘴钳的钳嘴在毛根线圈中转动。

3. 将打好圈的毛根从圆嘴钳上取下来，提示幼儿慢慢松开手柄，让圆嘴部分张开，再将毛根轻轻取下。

九、木锤敲敲乐

◎ **游戏目标：** 学习使用木锤，将小木棍钉进泡沫中。

◎ **游戏准备：** 木锤1把；带有标记线小木棍若干；画有用圆点组成的各种各样的图形的泡沫1块；使用木锤的图示；印有与泡沫上图

形相对应图案的任务单若干。

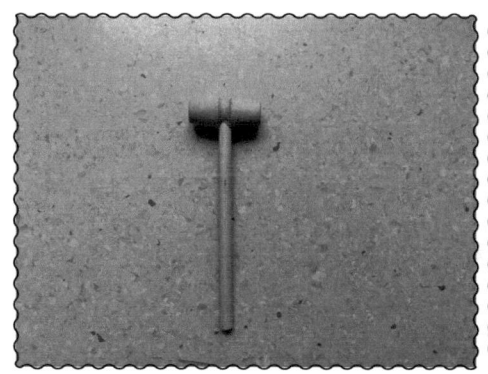

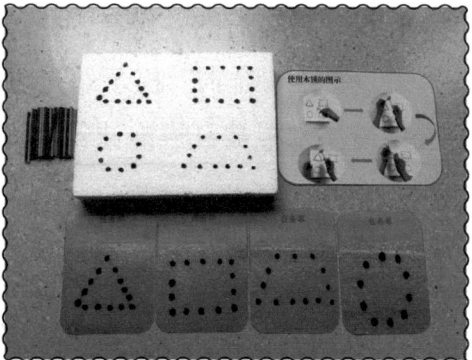

◎ **游戏玩法：**

1. 将木锤、带有标记线小木棍等操作材料放置于桌面。

2. 自主选取一张任务单，在泡沫上找到与任务单中相同的图形。

3. 左手拿出一根小木棍，将其一头直立并对准图形上的黑色圆点，右手拿起木锤，对准小木棍上方用力敲击，直至看不见小木棍上标记线即可。（使用木锤的方法：右手大拇指在上，其余四指在下握住木锤手柄处，使木锤的锤头对准物体，通过手臂力量控制手柄带动锤头向下反复敲击物体，直至达到想要的结果为止。）

4. 再次拿取一根小木棍，重复上面操作，直至将图形上的所有黑色圆点全部钉上小木棍。

5. 完成后可再次选取任务单，继续游戏。

6. 游戏结束，将所有材料放回原位。

◎ 游戏指导：

1. 操作前要对幼儿进行安全提示，不要用木锤敲击自己或他人。

2. 幼儿在操作时，提示幼儿要用左手扶住小木棍，使其保持直立，并要随着小木棍被钉进泡沫箱的深度，随时调整手部位置，以免锤子敲击到手。

3. 注意观察幼儿敲击时的节奏和力度，适当予以指导。

十、锉来锉去

◎ 游戏目标：根据图示，学习使用平锉将物品表面打磨平整。

◎ 游戏准备：平锉1把；木块若干；平锉打磨方法图示；护目镜1副；儿童安全防护工具手套1副。

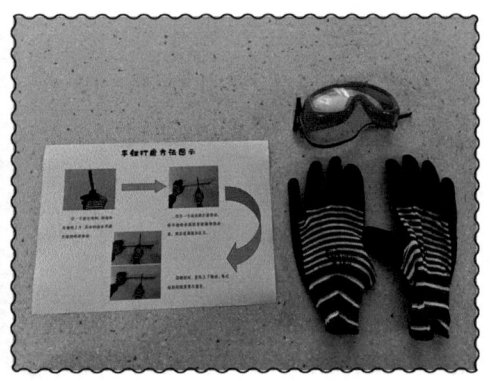

◎ 游戏玩法：

1. 戴好儿童安全防护工具手套、护目镜等防护装备。

2. 观看图示学习平锉的使用方法，用平锉将木块表面打磨平整。（平锉的使用方法：一只手握住锉柄，拇指放在锉柄上方，其余四指自然握住锉柄，另一只手扶住所打磨物体，将平锉的齿部轻轻接触物体表面，然后逐渐施加压力，使锉刀开始锉削材料。锉削时，直线上下锉动，每次锉削的距离要尽量长。）

3. 锉完后，可再次选取一块木块进行游戏。

4. 游戏结束后，可将锉好的木块放到建构区，其余物品收拾整齐并放回原处。

◎ **游戏指导：**

1. 在使用平锉打磨前，对幼儿做好安全教育，不能将锉对准自己和他人，佩戴适当的防护装备，如手套、护目镜等，避免锉屑飞溅伤害眼睛和手部。

2. 对于小班幼儿来说使用平锉有一定难度，可应根据实际情况及时予以指导。

3. 初次游戏可根据幼儿情况只打磨一部分。

十一、妈妈的小帮厨

◎ **游戏目标：** 学习使用半自动打蛋器，将鸡蛋搅打均匀。

◎ **游戏准备：** 印有不同数量鸡蛋的任务单若干；鸡蛋若干；小盆、半自动打蛋器各1个。

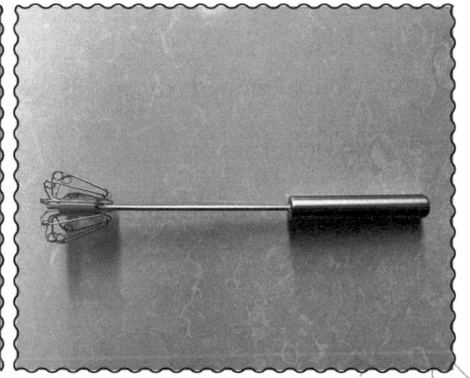

◎ **游戏玩法：**

1. 将小盆放到桌面上，根据任务单中妈妈需要的鸡蛋数量向盆中打入鸡蛋。

2. 用半自动打蛋器帮助妈妈将打到盆里的鸡蛋搅打均匀。（半自动打蛋器的使用方法：一只手扶住小盆，另一只手四指弯曲握住手柄，手指与手柄贴合，拇指轻轻地搭在其余四指上，握住半自动打蛋器手柄，将打蛋器搅拌棒垂直插入食材中。上下推拉打蛋器手柄，让食材混合到一起。随着搅拌的进行，适当加快推拉的速度和力度，使食材充分搅拌均匀。）

3. 游戏结束后，所有材料整理好放回原处。

◎ **游戏指导：**

1. 提供大小合适、稳定的容器，方便操作。

2. 在游戏前进行安全教育，在使用打蛋器时不要用手触摸搅拌棒。

3. 提醒幼儿在使用半自动打蛋器时要适度用力，避免过度用力导致食材飞溅。

4. 游戏后要将半自动打蛋器清洁干净，用水冲洗后，及时擦干并晾晒，防止生锈。

中班

一、搓洗有方法

◎ 游戏目标：学习使用木质儿童搓衣板清洗衣物。

◎ 游戏准备：半身裙、衬衫、纯棉打底衫等各种衣物；使用木质儿童搓衣板图示；木质儿童搓衣板1块；肥皂盒、肥皂、盆、废水桶和装有清水的桶各1个。

◎ 游戏玩法：

1. 自主选择一件衣物。

2. 拿取盆子，倒入半盆水，将木制儿童搓衣板放入盆内，带把手的一面朝上，搭在盆的边缘，另一边自然抵住盆底。

3. 依据图示，尝试使用木质儿童搓衣板将衣物搓洗干净。（木质儿童搓衣板搓洗方法：将衣物在搓衣板上摊开，用盆里的水把搓衣板上的衣物浸湿，脏处抹上肥皂。一只手握住搓衣板把手，手背在上，四指从前往后穿过把手，大手指摁住搓衣板上方边缘，另一只手按照搓衣板纹理上下反复揉搓衣物，直至污渍去除。）

4. 衣服清洁干净后，将脏水倒入废水桶，换水洗净衣物上的泡沫，拧干晾晒。

5.游戏结束后，将工具材料收纳整齐，放回原处。

◎ **游戏指导**：

1.操作前要对幼儿进行安全教育，提示幼儿检查搓衣板边缘是否光滑，可提供儿童橡胶手套保障幼儿安全。

2.注意观察幼儿搓衣板摆放、使用木质儿童搓衣板方法是否正确，及时予以指导。

3.搓洗衣物时，提示幼儿用力要适度，不要挫伤手。

二、用刀小行家

◎ **游戏目标**：学习使用儿童刀具，将较大较软的水果切成片。

◎ **游戏准备**：儿童刀具1把；盘子1个；案板1块；儿童刀具使用方法步骤图；剥好的香蕉、猕猴桃等水果；一次性手套若干；帽子、围裙1套。

◎ **游戏玩法**：

1.将帽子、一次性手套、围裙穿戴整齐。

2.拿取案板，将案板平稳放置于工作台，自主选择一种水果放置于案板上。

3.依据图示，用儿童刀具将水果切成片。（儿童刀使用方法：刀柄握在手掌较舒适的位置。用食指、中指、无名指、小拇指，自然地环绕握住刀柄，大拇指轻轻搭在刀柄侧面，左手稳定而轻轻握住水果一侧，右手持刀具，将刀刃对准水果缓慢稳定地进行切割。）

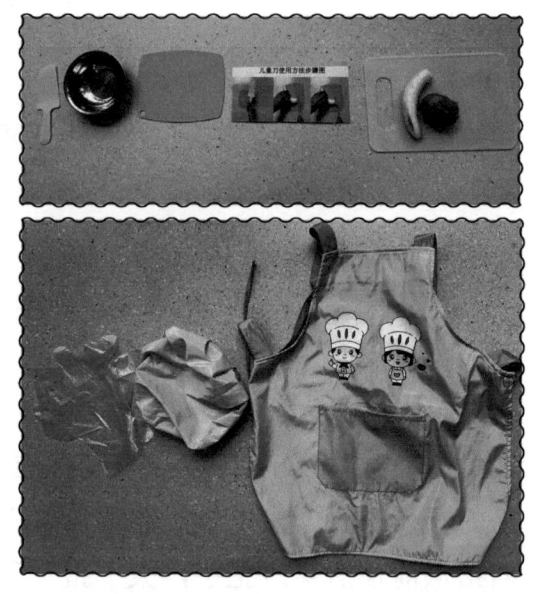

4. 切割完水果后，拿出盘子，将水果摆放到盘子里，进行品尝。

5. 游戏结束后，将材料整齐地放回原处。

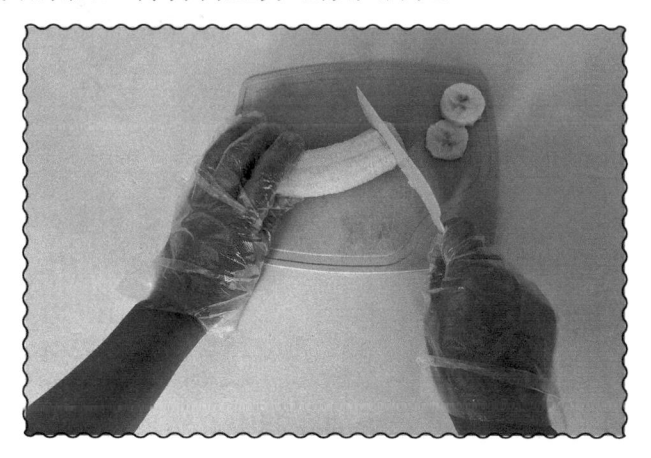

◎ 游戏指导：

1. 操作前，要对幼儿进行用刀时的安全教育。（左手扶水果，手指应尽量蜷缩并远离刀刃碰到的地方。）

2. 提示幼儿切割水果前要确保案板的稳定性，以免水果滑动或滚落。

3. 注意观察幼儿握刀姿势是否正确，及时予以指导。

4. 切割水果的过程，提醒幼儿要保持专注，缓慢而稳定地切割，避免急躁和用力过猛。

5. 切片的薄厚对于中班幼儿来说不太容易掌握，游戏前期可不作要求。

三、电钻小玩家

◎ **游戏目标**：练习使用儿童电钻，在拼装工具箱上用螺钉拼出各种造型。

◎ **游戏准备**：安全帽、手套、护目镜等安全防护工具 1 套；螺钉造型范例图卡若干；儿童电钻 1 把；拼装工具箱 1 个；螺钉若干。

◎ 游戏玩法：

1. 将安全帽、护目镜、手套佩戴整齐。

2. 自主选取一张造型范例图卡，并将所需螺钉准备好。

3. 拿取儿童电钻和拼装工具箱。参照造型范例图卡，选取一根螺钉，明确要拧入的螺钉位置，将其插入工具箱中的孔洞中，然后运用已学使用儿童电钻的方法拧紧螺钉。

4. 再次拿取螺钉重复操作，直至将平面造型拼装完成。

5. 游戏结束后，关闭儿童电钻电源开关，将拼好平面造型的拼装工具箱放入展示区，其余材料放回原位。

◎ 游戏指导：

1. 在操作前要对幼儿进行安全教育。（提示幼儿不要将螺钉放入嘴巴里，不要在潮湿的环境下使用电钻，除此之外还要提示幼儿佩戴好安全帽、手套和护目镜，以防意外发生。）

2. 在操作前提示幼儿仔细观察造型范例图卡，了解所选图形螺钉的数量和位置。

3. 使用儿童电钻旋入螺钉时，提醒孩子要将钻头对准螺钉头部，保持电钻垂直，避免钻头偏移。

4. 注意观察幼儿手持电

钻的姿势是否正确，及时予以指导。

5. 虽然使用电钻拧螺钉的方法在小班已经学过，但可能出现遗忘的现象，可根据幼儿操作情况适当予以帮助。

四、带着水壶去郊游

◎ **游戏目标**：模拟去郊游，了解便携保温水壶用途并练习使用便携保温水壶接水、倒水。

◎ **游戏准备**：装有水的水壶、便携保温水壶各 1 个；爬山背景图、喝水需求位置图片、人物卡各 1 张；便携保温水壶结构示意图、用法图各 1 张。

◎ **游戏玩法**：

1. 模拟爬山情境，为人物卡要携带的便携保温水壶灌水。（一只手握住便携保温水壶把手，另一只手握住壶盖按逆时针用力旋转壶盖，将壶盖打开。倒放于平面。再握住茶滤顶端按逆时针用力旋转，打开茶滤，暂放在壶盖中。将便携保温水壶放于平面，一只手扶壶身，另一只手四指握住装有水的水壶把手，大拇指按压按钮，对准便携保温水壶壶口，将适量的水倒入便携保温水壶。倒完水后，将水壶放下。一只手扶保温水壶壶身，另一只手拿起茶滤对准壶口放入，顺时针旋转拧紧。再拿起壶盖同样顺时针拧紧。）

2. 拿取人物图卡与爬山背景图、喝水需求位置图片。模拟人物爬山，到达有喝水需求的位置后，打开便携保温水壶壶盖倒拿住把手作为水杯。拿起水壶将水倒入壶盖饮用。饮用完毕后，将壶盖拧紧。

3. 继续游戏，直到人物到达山顶。

4. 游戏结束，将水壶中的水全部倒出，其余材料收拾整齐并放回原处。

◎ **游戏指导：**

1. 游戏前，幼儿要将手洗净，提供的水壶大小可根据幼儿情况进行提供。可在游戏后期提供茶隔和泡水食材，幼儿可根据喜好泡茶携带。

2. 可根据需要喝水的场景给幼儿提供更丰富的场景图，增强游戏趣味性。

3. 在往便携保温壶、壶盖中倒水时，要注意适量，不要过多。避免洒落或浪费。

五、美食分餐员

◎ **游戏目标：** 根据图示，学习使用防烫夹拿取较烫的食物。

◎ **游戏准备：** 防烫夹使用方法的图示；印有蘑菇、小猪包、丸子菜单若干；蒸锅1个，蒸锅中装有不同仿真食物若干盘；托盘1个；防烫夹1个。

◎ 游戏玩法：

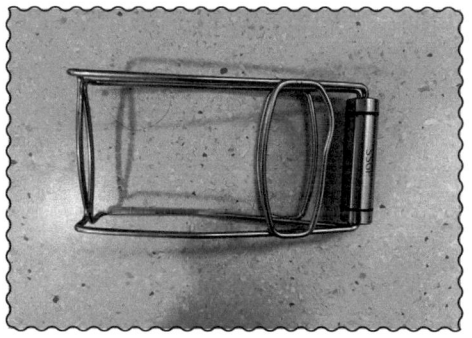

1. 自主选择1张菜单，根据菜单在锅中找到与之相对应的仿真食物。

2. 根据图示学习防烫夹的使用方法，将对应的仿真食物夹到托盘中。（防烫夹的使用方法：将一只手的拇指放在防烫夹一侧手柄孔洞处，其余四指握住另一侧手柄，手掌放松，拇指和其余四指相互配合，轻轻用力，控制防烫夹的开合，根据物品的大小调整打开的程度，对准物品将防烫夹合上，夹住物品，慢慢地将所夹物品移到桌子上，物品平稳放下后轻轻打开夹口，松开防烫夹。）

3. 夹取完成后，可再次选取菜单根据需要进行夹取。

4. 游戏结束后，将所用材料进行整理并放回原位。

◎ 游戏指导：

1. 在游戏前进行安全教育，避免接触高温的食物表面，以免烫伤。

可根据幼儿能力提供防烫手套或其他护具。

2. 提醒幼儿在夹取食物时，要始终握紧手柄，防止物品掉落。

3. 游戏中提醒幼儿，在放下盘子后，要仔细观察盘子是否平稳地放到托盘中，如有晃动情况，应及时调整位置。

4. 使用后要及时清洗防烫夹，保持其清洁卫生。

六、欢乐剥蒜趣

◎ **游戏目标**：学习使用剥蒜夹帮妈妈剥蒜。

◎ **游戏准备**：一次性手套若干；大蒜若干；剥蒜夹、盘子、迷你垃圾桶各1个；使用剥蒜夹的步骤图。

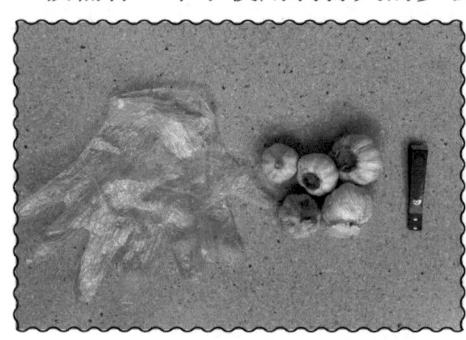

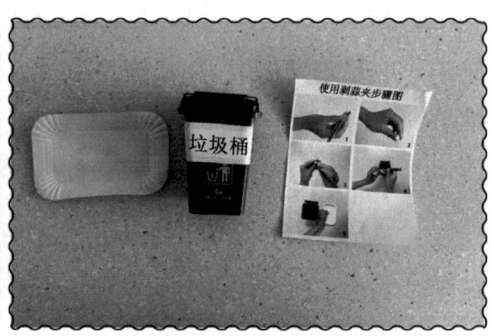

◎ **游戏玩法**：

1. 将一次性手套戴好。

2. 拿取一头大蒜，将大蒜分成单独的蒜瓣。

3. 依据图示，使用剥蒜夹将蒜瓣的皮剥干净。（剥蒜夹的使用方法：右手持剥蒜夹，拇指与其余四指分别放于剥蒜夹两侧，拇指与食指、中指、无名指用力，小拇指作支撑。左手拿蒜瓣，根部朝上，将剥蒜夹对准蒜瓣根部，夹住蒜皮，从上往下剥，直至蒜皮全部剥下。）

4. 剥下的蒜皮扔进迷你垃圾桶里，剥好的蒜瓣放到盘子里。

5. 剥完一瓣后，可再次拿取蒜瓣重复操作。

6. 游戏结束后，材料整理好放回原位。

◎ 游戏指导：

1. 在操作前要对幼儿进行使用剥蒜夹的安全教育。（在剥蒜过程中左手手指要根据剥蒜进度调整拿取位置，以防手被夹伤。）

2. 在剥蒜过程中提示幼儿不要用手揉眼睛，避免刺激眼睛。

3. 注意观察幼儿手持剥蒜夹的姿势是否正确，及时给予指导。

七、安装小卫士

◎ 游戏目标：根据图示，尝试用两用螺丝刀拼装物品。

◎ 游戏准备：未安装的相框、玩具电钻等带有一字形或十字形螺丝槽的物品若干；使用两用螺丝刀的步骤图；两用螺丝刀1把；螺丝若干。

◎ 游戏玩法：

1. 自主选取一种物品。

2. 判断所选物品螺丝的类型，查看待安装的螺丝头部形状，

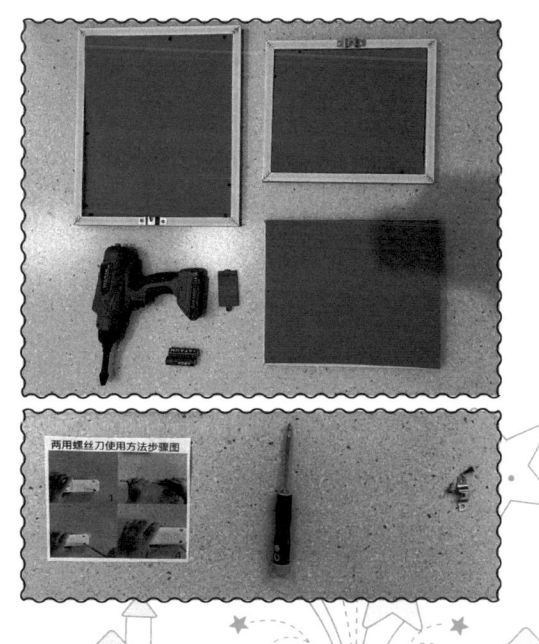

确定是一字螺丝或是十字螺丝。选择正确螺丝刀再将未安装的物品进行安装，对准螺丝槽按照正确位置完成安装。

3. 依据图示，正确使用两用螺丝刀拼装物品。（两用螺丝刀的使用方法：拿起需要安装的螺丝，将其对准拼装部件上的螺丝孔将螺钉放置于孔位。安装螺丝刀头，将不用的一端插入手柄里的洞洞中。左手扶物品，右手五指握住两用螺丝刀的手柄部分，将选好的螺丝刀刀头垂直对准螺丝头部的凹槽。向下用力，顺时针方向拧螺丝，直至拧紧。）

4. 再次拿取螺钉重复操作，直至将物品安装完成。

5. 安装完成后，检查螺丝是否稳固。如感觉松动，可以进行加固。

6. 游戏结束后，将安装好的物品放入展示区，其余材料放回原位。

◎ **游戏指导：**

1. 操作前提示幼儿不要将螺丝刀对准自己或他人，不要将拆下的螺丝放到耳朵、鼻子、嘴巴里。

2. 在为幼儿提供安装的物品时，要确保物品的螺丝槽与两用螺丝刀刀头的尺寸相匹配。

3. 判断所选物品螺丝的类型时，可让幼儿将两种螺丝都对准螺丝槽试一试。选择与物品相匹配的螺丝。

4. 注意观察幼儿使用两用螺丝刀姿势是否正确，及时予以指导。

5. 使用两用螺丝刀拧螺丝时，注意将螺丝旋入到底，保证物品能安装稳固，但也要注意不要用力过猛，以免损坏所拼装的物品。

八、小小修理工

◎ **游戏目标**：依据任务单，用老虎钳维修拼装箱上坏掉的拼图。

◎ **游戏准备**：儿童专用老虎钳若干；螺丝拼装箱上装有螺丝松动的不同拼图若干；用老虎钳固定螺丝的图示；不同需要维修的物品任务单若干。

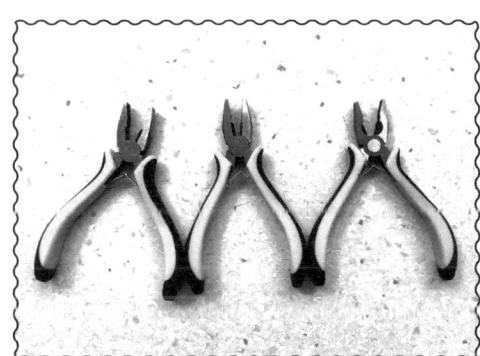

◎ **游戏玩法**：

1. 将材料放置于桌面上。

2. 自选一张任务单，在螺丝拼装箱上找到相应的拼图，依据老虎钳固定螺丝的图示使用老虎钳，将拼图中松动的螺丝用老虎钳进行固定维修。（用老虎钳固定螺丝的方法：双手分别握住老虎钳的两个手柄，使老虎钳的钳口朝下张开，夹住螺丝头部，右手握住老虎钳的两个手柄，左手扶住拼装箱。右手将老虎钳向右转半周后，左手捏住钳口，使老虎钳保持直立，右手重新握住老虎钳的两个手柄，再次向右转动，重复操

作，直至拧不动螺丝为止。）

3. 任务完成后，可再次选取任务单继续游戏。

4. 游戏结束后，将所有物品放回原位。

◎ **游戏指导：**

1. 游戏前对幼儿进行使用老虎钳安全教育，不要用老虎钳伤害自己或他人。

2. 注意观察幼儿使用老虎钳固定螺丝时方法是否正确，根据情况予以指导。

3. 中班幼儿对于半周的概念可能不太理解，游戏初期可予以适当指导。

九、锤击坚果乐

◎ **游戏目标：** 练习使用奶头锤将坚果砸开并取出坚果仁。

◎ **游戏准备：** 奶头锤1把；标好数字的核桃、杏核等各种坚果若干；带有凹槽的放置架、骰子、小盆各1个；使用奶头锤方法图示。

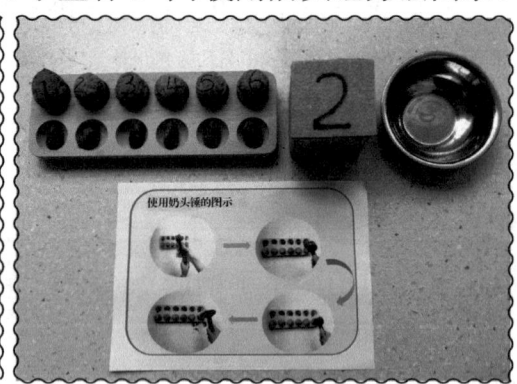

◎ **游戏玩法：**

1. 将所有材料放置于桌面。

2. 投掷骰子，查看骰子上的数字，找到标有相同数字的坚果并将其摆放至放置架的凹槽中。

3. 右手拿起奶头锤，将奶头锤平的一头对准核桃，向下敲击，直至将坚果皮砸开，坚果仁放进小盆中。（使用奶头锤的方法：右手大拇指在上，其余四指在下握住奶头锤手柄处，使奶头锤平的一头对准物体，通过手臂力量控制手柄，带动锤头向下敲击物体，直至达到想要的结果为止。）

4. 完成后可再次投掷骰子，继续游戏。

5. 游戏结束，将剥好的坚果仁进行品尝，其余物品放回原位。

◎ **游戏指导：**

1. 操作前要对幼儿进行安全提示，不要用奶头锤敲击自己或他人。

2. 在砸坚果过程中，提示幼儿要将坚果放在凹槽中，不要用手去扶坚果，防止砸到手。

3. 幼儿在操作时，提示幼儿要注意力度，既要将坚果皮砸开，又不能将里面的坚果仁砸碎。

4. 游戏结束后，要将坚果皮收拾干净，养成良好习惯。

十、小匠锉形记

◎ **游戏目标**：根据图示，练习使用圆锉在物体上锉出弧面。

◎ **游戏准备**：圆锉1把；划线的正方体木块若干；圆锉锉削方法图示；护目镜1副；儿童安全防护工具手套1副。

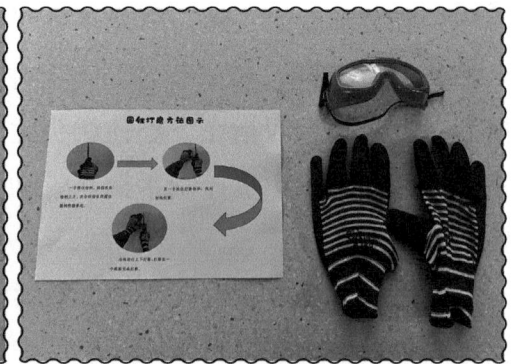

◎ 游戏玩法：

1. 戴好儿童安全防护工具手套、护目镜等防护装备。

2. 参照图示，学习圆锉锉削的方法，用圆锉在划线的正方体木块上沿线进行锉削，锉削出一个半圆形弧面。（圆锉的使用方法：一只手握住锉柄，拇指放在锉柄上方，其余四指握住锉柄下方，另一只手扶住所锉削物体，将圆锉的齿部轻轻接触物体表面，然后逐渐施加压力，使锉刀前后移动锉削物体。）

3. 锉完后，可再次选取一块木块进行游戏。

4. 游戏结束后，可将锉好的木块放到建构区，其余物品收拾整齐并放回原处。

◎ 游戏指导：

1. 在使用圆锉锉削前，对幼儿做好安全教育，不能将锉对准自己和他人，佩戴适当的防护装备，如手套、护目镜等，避免锉屑飞溅伤害眼睛和手部，手扶物体时，与圆锉保持较远距离，避免锉到手。

2. 使用圆锉对幼儿来讲有一定难度，应根据情况给予指导。

3. 准备正方形划线木块时，尽量选择较短小的正方形，以便幼儿游戏。

十一、小小面点师

◎ **游戏目标**：熟练使用手动打蛋器，将面糊搅拌均匀。

◎ **游戏准备**：手动打蛋器1个；面粉1碗；小盆、厨师头饰各1个；水1瓶。

◎ **游戏玩法**：

1. 把小盆平稳地放到桌面上，将面粉与水倒入盆中。

2. 使用手动打蛋器，将面粉与水搅打均匀。（手动打蛋器的使用方法：一只手稳稳扶住小盆，另一只手手掌自然张开手指放松，将手柄置于手掌中，拇指自然搭在手柄一侧，其余四指弯曲握住手柄，先用手动打蛋器的搅拌棒在食材中轻轻左右滑动。待食材混合到一起后，一只手拿起容器，使容器微微倾斜，另一只手以手腕为中心，轻轻转动手腕，使打蛋器在容器中画圈搅拌，保证搅拌的范围要覆盖整个容器，将食材得到充分搅拌。）

3.游戏结束后，把搅拌好的面糊送至娃娃厨房，将手动打蛋器与小盆清洗干净后，所有材料放回原处。

◎ **游戏指导：**

1.游戏过程中，要保持手部干燥，避免手滑导致食材滑落造成浪费。

2.进行搅拌时提醒幼儿，不要一开始就快速搅拌，以免材料飞溅。

3.注意观察幼儿使用手动打蛋器的姿势是否正确，及时给予指导。

4.使用后应及时清洁手动打蛋器并晾干，避免面糊残留滋生细菌。

大班

一、搓衣小专家

◎ **游戏目标**：熟练选择适当的搓衣板，清洁不同类别的衣物。

◎ **游戏准备**：加绒卫衣、牛仔裤、纯棉打底衫、内裤、手绢等不同类别的衣物；不同搓衣板使用方法图示；小型软硅胶搓衣板、木质儿童搓衣板、实木家用大号搓衣板、肥皂盒各1个；装有水的桶和废水桶各1个；肥皂1块；大小不一的盆子各1个。

◎ **游戏玩法**：

1. 自主选择一件衣物。

2. 根据衣物的类别选择合适的搓衣板、盆子及相应的搓衣板使用方法图示。

3. 盆中倒入一半的水，将选择的搓衣板放置在盆中。

4. 依据图示，把选好的衣物在搓衣板上摊开。用盆里的水把搓衣板上的衣服浸湿，脏处抹上肥皂。使用搓衣板将衣物搓洗干净。（大号搓衣板的使用方法：左手大拇指扶住盆的边缘，其余四指按住搓衣板上方，另一只手按照搓衣板纹理上下反复揉搓衣物，直至污渍去除。）

5. 衣服清洁干净后，将脏水倒入废水桶，换水洗净衣物上的泡沫，拧干晾晒。

6. 游戏结束后，将工具材料收纳整齐，放回原处。

◎ 游戏指导：

1. 操作前提示幼儿按照衣服的大小、薄厚来选择搓衣板。

2. 虽然小、中班幼儿对于使用小型软硅胶搓衣板和木质儿童搓衣板有了一定的经验，但有可能出现遗忘的现象，可根据自身情况选择图示。

3. 选择好搓衣板后，可提示幼儿选择大小合适的盆子，以确保搓衣板能够稳定放置。

4. 提示幼儿搓衣时要用适宜的力度，以免把盆子推跑或造成搓衣板底部翘起的现象。

二、配菜小能手

◎ 游戏目标：熟练运用儿童锯刀将较硬的食材切成片。

◎ 游戏准备：儿童锯刀、餐盘、案板各1个；清洗干净的土豆、胡萝卜等较硬食材；一次性手套若干；帽子、围裙1套。

◎ 游戏玩法：

1. 将帽子、一次性手套、围裙穿戴整齐。

2. 自主选择一种食材。

3. 拿取案板，将案板平稳放置于工作台，将选好的食材放置于案板上。

4. 用儿童锯刀将食材切成薄厚适中的片。（左手稳定而轻轻地扶住食材，右手持刀具，运用已学的用刀切割的方法将食材切割成片。）

5. 完成切割后，将切好的食材放到盘子里待主厨使用。

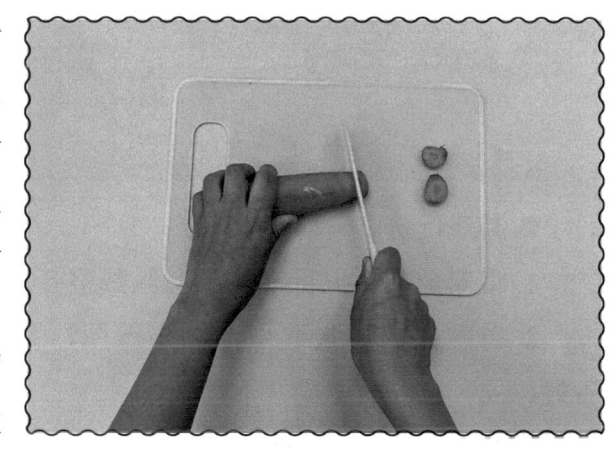

6. 游戏结束后，清洗用具，将材料整齐地放回原处。

◎ **游戏指导：**

1. 操作前，要对幼儿进行用刀时的安全教育。（左手扶食材，手指应尽量蜷缩并远离刀刃碰到的地方。）

2. 用刀方法虽然在中班已经学过，但可能会存在遗忘的现象，可根据情况予以提示。

3. 切割食材时，手掌和手指要将食材固定，以确保在切割过程中食材不会滑动。

三、拼装小天才

◎ **游戏目标：** 练习使用儿童电钻，按照造型范例步骤图，在拼装工具箱上用螺钉和各种配件拼出造型。

◎ **游戏准备：** 安全帽、手套、护目镜等安全防护工具1套；造型范例步骤图若干；儿童电钻1把；拼装工具箱1个；各种配件、螺钉若干。

◎ 游戏玩法：

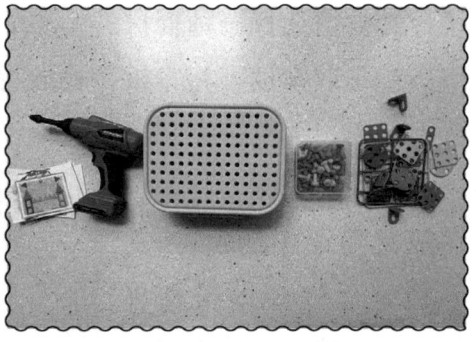

1. 将安全帽、护目镜、手套佩戴整齐。

2. 自主选取一张造型范例步骤图，并将所需螺钉和配件分类准备好。

3. 拿取儿童电钻和拼装工具箱。按照造型范例步骤图上的步骤，选取配件和螺钉，明确要安装的配件位置，将配件对准拼装工具箱中的孔洞，再拿取螺钉插入配件与拼装工具箱对应的孔洞中，然后运用所学过的儿童电钻使用方法拧紧螺钉。依次按照步骤图进行操作，直至将造型拼装完成。

4. 完成拼装后，检查拼好造型的螺钉是否已紧固，如有松动，需再次使用电钻加固。

5. 游戏结束后，关闭电钻电源开关，将拼好造型的工具箱放入展示区，其余材料放回原位。

◎ 游戏指导：

1. 在操作前要对幼儿进行使用儿童电钻的安全教育。

2. 运用各种配件拼装造型对大班部分幼儿来说有一定难度，提示幼儿根据步骤进行组装，如遇到难以理解的地方可适时给予指导。

3. 注意观察幼儿手持儿童电钻的姿势是否正确，及时予以指导。

四、养生饮品我会做

◎ **游戏目标**：泡制养生饮品，练习使用养生壶。

◎ **游戏准备**：养生壶 1 套；杯子 2 个；碗 1 个；红枣、冰糖等各种食材若干；装有温水的水壶 1 把；养生饮品食谱若干，食谱上印有所需食材与数量；养生壶结构示意图与使用步骤图。

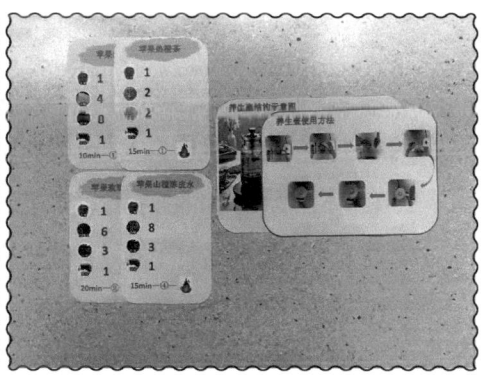

◎ **游戏玩法**：

1. 选取一张养生饮品食谱，对照食谱内容挑取相应数量的食材放入盘中。观察养生壶结构示意图与使用步骤图。

2. 将养生壶放在桌面上，一手握住手柄，另一只手抓住壶盖提手向上用力打开壶盖。向壶内倒入选取的食材。

3. 食材全部倒入后，拿起水壶。一边观察壶身标记线，一边向内注入温水。注水完成后，将壶盖对准壶身的相应位置向下按压盖紧。

4. 发热盘底部对准控制面板上的凸起位置平稳放下，使其固定于底座上。

5. 由成人挪至安全位置连接电源，幼儿对应食谱要求选择功能按钮，设置合适的时间和温度。

6. 等待养生壶工作完成后，再稍等片刻，将饮品晾至合适温度后交给幼儿，幼儿拿起养生壶将饮品倒入杯中饮用品尝。

7. 游戏结束后，泡过的食材扔进垃圾桶，冲洗养生壶与杯子，其余物品放回原处。

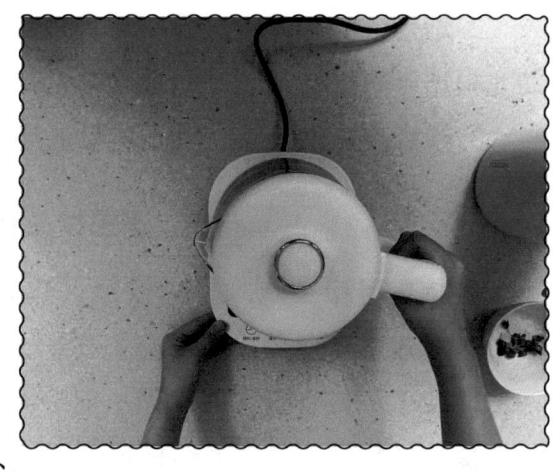

◎ 游戏指导：

1. 提供的食谱要与食材相对应，同时注意食材的安全性与适宜性。尽量为幼儿提供制作用时较短、冲泡即可饮用的食谱与食材。

2. 食谱上标志的食材用量、选择的功能按钮、时间、火力等按法与按键次数应清晰易懂，而且要与提供的养生壶具体按键情况相匹配。

3. 游戏开始前要对幼儿进行安全用壶教育，切不可在养生壶工作过程中触碰壶身、壶盖、底座等位置，以免烫伤。养生壶在加热过程中可能会产生蒸汽，不要将脸靠近壶口，避免被蒸汽灼伤。

4. 养生壶为玻璃制品，一定要轻拿轻放。注水后的养生壶较重，可根据幼儿情况适时提供帮助。

5. 注水时既要没过食材，超过最小容量标记，又不能超过最大容量标记，以免溅出。

6. 将注好水的养生壶放在控制面板之前，要先检查壶底和控制面板上是否有水，避免触电，而且一定不要将水壶倾斜翻转查看对应位置，以免壶中饮品的洒落，可适当平稳移动寻找对应位置。在观察结构图时，可适时提醒幼儿观察底部孔洞，以便后期操作。

7. 游戏后期可增添一些清洗养生壶的步骤图与常识普及，让幼儿

自行清洁器具。

8. 游戏初期以模拟操作为主，随着幼儿安全意识的提升与操作熟练度的提高，可结合具体情况真实制作供幼儿品尝。

五、小松鼠的核桃

◎ **游戏目标**：根据图示学习核桃夹的使用方法，用核桃夹夹核桃。

◎ **游戏准备**：核桃夹、碗、小松鼠头饰各1个；核桃若干；核桃夹的使用方法图示。

◎ **游戏玩法**：

1. 拿起小松鼠头饰，将其戴到头上。

2. 根据图示学习核桃夹的使用方法，剥开核桃皮。（核桃夹的使用方法：一只手握住核桃夹手柄，另一只手将核桃竖着放入核桃夹的夹口中，核桃尖尖的一端朝下，尽量使核桃两瓣壳的连接线与夹口中心对齐，确保夹力能够均匀地作用到核桃上。双手握住核桃夹的两个手柄，用力将手柄向中间挤压，使夹口逐渐合拢。核桃皮轻微破裂时松开手柄，检查核桃的破裂情

况，如果没有完全裂开，可调整核桃位置，再次尝试，直到核桃皮完全裂开。）

3. 用手剥掉核桃皮，将剥好的核桃仁放入碗中。

4. 游戏结束后，把剥下来的核桃皮收干净扔到垃圾桶中，将核桃夹及其他材料整齐地放回原位。

◎ 游戏指导：

1. 在游戏前进行安全教育，以免夹伤手指。

2. 提醒幼儿在夹核桃时要缓慢用力，突然用力过猛会导致核桃皮破碎过度。

3. 游戏后要将核桃夹缝隙里的残渣清洁干净，用水冲洗后，及时擦干并晾晒，防止生锈。

六、神奇剥蒜记

◎ 游戏目标：学习使用择菜拇指刀剥蒜，帮助主厨剥蒜皮。

◎ 游戏准备：大蒜、密封袋若干；择菜拇指刀、迷你垃圾桶、盘子各1个；防割指套4个；防割伤手套1副；使用择菜拇指刀的步骤图。

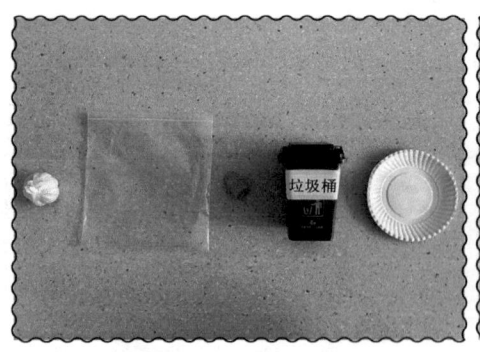

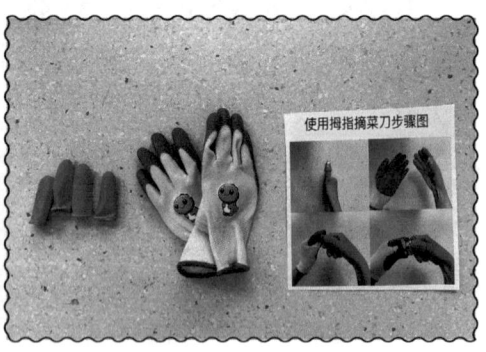

◎ 游戏玩法：

1. 拿取一头大蒜，将大蒜分成单独的蒜瓣。

2. 依据图示，使用择菜拇指刀将蒜瓣的皮剥干净。（择菜拇指刀

的使用方法：右手大拇指套进择菜拇指刀中，其余四指佩戴好防割指套，左手佩戴好防割伤手套并拿起一个蒜瓣，使其根部朝上，将择菜拇指刀的刀刃对准蒜瓣根部，轻轻一按，划破蒜瓣根部的硬皮。用拇指和食指掐住硬皮，轻轻地往下剥皮，直至蒜皮全部剥下。）

3. 剥下的蒜皮扔进垃圾桶里，剥好的蒜瓣放到盘子里。

4. 剥完一瓣后，可再次拿取蒜瓣重复操作。

5. 游戏结束后，清洗剥蒜夹，将剥好的蒜装进密封袋中保存，其余的材料整齐地放回原位。

◎ 游戏指导：

1. 在操作前要对幼儿进行使用剥蒜夹的安全教育。（在剥蒜过程中左手手指要根据剥蒜进度调整拿取位置，不要将刀尖对准自己或他人，如果拇指摘菜刀掉落不要用手去接，防止被刀刃割伤。）

2. 注意观察幼儿使用择菜拇指刀的方法是否正确，及时给予指导。

3. 划蒜根皮时注意力度适中，太用力可能会切入蒜瓣内部，破坏蒜瓣的完整性。

七、拆装我最棒

◎ **游戏目标**：学习使用多功能螺丝刀，给螺丝刀换适宜的刀头，拆装各种物品。

◎ **游戏准备**：安全帽、手套、护目镜安全防护工具1套；插座、头灯、电子秤等物品；多功能螺丝刀套装1套；使用多功能螺丝刀的步骤图；盒子1个。

◎ 游戏玩法：

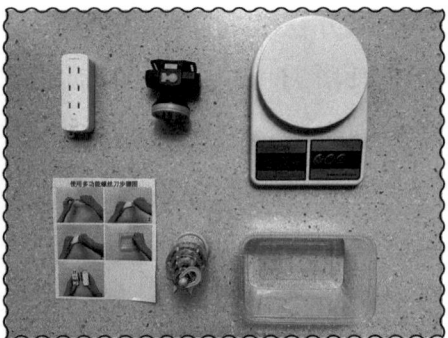

1. 将安全帽、护目镜、手套佩戴整齐。

2. 自主选择一种物品，将其平稳放置于工作台。

3. 仔细观察所选物品，根据所选物品螺丝槽的形状、大小，从套装中选择对应的螺丝刀头。

4. 依据图示，使用螺丝刀拆卸物品，拧下的螺丝放在盒子里，防止丢失。

5. 拆卸完成后，观察物体的内部构造，尝试重新拼装。

6. 游戏结束后，将材料整齐地放回原位。

◎ 游戏指导：

1. 操作前要对幼儿进行使用多功能螺丝刀的安全教育。

2. 可提示幼儿先了解多功能螺丝刀套装的螺丝头和可拆卸的物品。

3. 注意观察幼儿使用多功能螺丝刀的姿势是否正确，及时予以指导。

4. 拆卸下来的螺丝要按顺序摆放，便于在安装时能快速、准确地还原。

八、小小工程师

◎ **游戏目标**：依据范例图卡，借助活扳手拼装玩具。

◎ **游戏准备**：儿童专用活扳手若干；木箱中装有各种玩具零件若干；活扳手的使用方法图示；范例图卡若干，图卡上印有玩具零件拼装的立体图形。

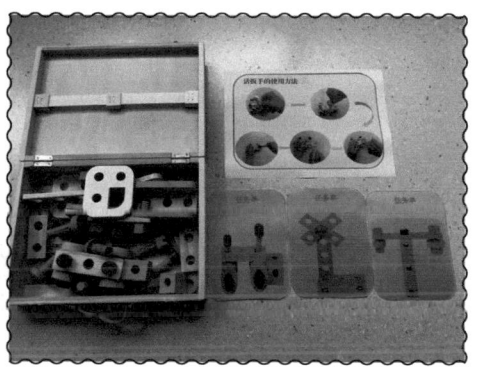

◎ **游戏玩法**：

1. 将儿童专用活扳手、各种玩具零件等材料放置于桌面上。
2. 自主选择一张范例图卡，在木箱中找到相应的玩具零件。 
3. 依据活扳手的使用方法图示，将玩具零件进行拼装。直至拼出与范例图卡中相同的玩具为止。（活扳手使用的方法：右手手心朝上，握住手柄靠近扳口处，使拇指可放于调节杆上，用拇指向下旋转活扳手的调节杆，使扳口开大后，对准螺丝顶部，向上旋转调节杆，使扳口刚好卡住螺丝。另一只手稳住物体，然后按照顺时针方向旋转手柄，带动螺丝旋转，直至手腕不能再继续旋转，取出活扳手，重新夹住螺丝，再次旋转，反复操作直至将螺丝拧紧。）

4. 任务完成后，可再次选择一张范例图卡继续游戏。

5. 游戏结束后，将拼装好的玩具放到展示区，其余物品放回原位。

◎ **游戏指导：**

1. 游戏前对幼儿进行活扳手使用安全教育，不要用活扳手敲击自己或他人的身体。

2. 在操作前提示幼儿要仔细观察范例图卡，找到图中所有玩具零件。

3. 注意观察幼儿在使用活扳手固定螺丝时，活扳手是否刚好卡住螺丝，根据情况予以帮助。

九、起钉小能手

◎ **游戏目标：** 通过起钉游戏，练习使用羊角锤将木板上的钉子取下来。

◎ **游戏准备：** 羊角锤1把；钉有若干钉子的木板1块；羊角锤起钉子使用方法图示；小盒子1个；手套、护目镜各1副；印有不同数量钉子的任务单若干。

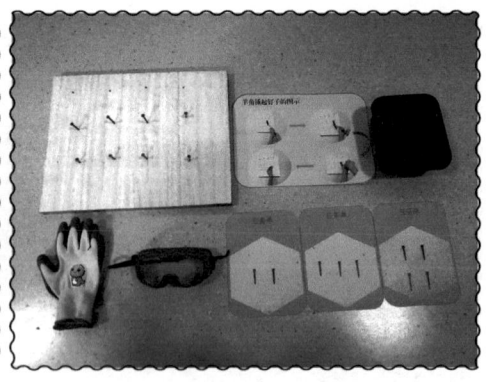

◎ **游戏玩法：**

1. 佩戴好护目镜和手套后，将所有材料放置于桌面。

2. 抽取一张任务单，查看任务单上钉子的个数，使用羊角锤有羊角的一边在木板上取下相应数量的钉子。（使用羊角锤起钉子方法：双手握住羊角锤手柄处，将羊角锤的开口卡住钉子。然后通过左右或者上下轻轻摇动锤柄，使钉子在钉孔中松动后，用力将锤柄往后拔，直至把钉子从物体中拔出。）

3. 将拔出的钉子放在小盒中。

4. 完成一张任务单后，可再次抽取任务单继续游戏。

5. 游戏结束，将所有物品放回原位。

◎ 游戏指导：

1. 操作前要对幼儿进行安全提示，不要用羊角锤敲击自己或他人。

2. 在拔钉子前，提示幼儿要确保牢固地钳住钉子，避免滑落弄伤自己。

3. 幼儿在操作时，提示幼儿要注意力度，逐步用力，避免一次性用力过猛导致锤子滑脱。

十、巧手小木匠

◎ **游戏目标**：熟练用平锉、圆锉为物体削锉简单图形。

◎ **游戏准备**：圆锉、平锉各1把；画有图形的木块若干；护目镜1副；儿童安全防护工具手套1副。

◎ 游戏玩法：

1. 戴好儿童安全防护工具手套、护目镜等防护装备。

2. 拿取一块画有图形的木块，用平锉将凹凸不平的地方削锉平整。

3. 削锉平整后，拿取圆锉沿着木块上图形的线条进行削锉。

4. 完成后，可再次选取一块画有图形木块进行游戏。

5. 游戏结束后，可将锉好的木块放到建构区，其余物品收拾整齐并放回原处。

◎ 游戏指导：

1. 在使用平锉、圆锉打磨前，对幼儿做好安全教育，不能将锉对准自己和他人。

2. 用平锉削锉时，平面要尽量削锉平整。

3. 材料准备中画图形木块，尽量画一些线段图形，如五角星、三角形等，方便幼儿削锉。

十一、蛋清打发师

◎ **游戏目标**：根据图示，学习电动打蛋器的使用方法，将盆中的蛋清打发。

◎ **游戏准备**：电动打蛋器使用方法的图示；电动打蛋器、厨师帽、装有蛋清的盆各1个。

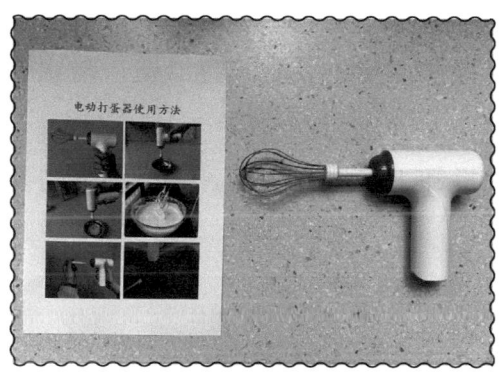

◎ **游戏玩法**：

1. 戴好厨师帽，把装有蛋清的小盆平稳地放到桌面。

2. 依据图示，使用电动打蛋器，将盆中的蛋清打发。（电动打蛋器的使用方法：一只手稳稳扶住小盆，另一只手握住打蛋器手柄将搅拌棒插入食材中，确保搅拌棒在容器的中心位置，不会接触到容器底部和容器壁。四指握住手柄，用拇指打开电源开关，开始使用低档进行搅拌，当蛋清产生泡沫时，再次按动电源开关，调至中高档，继续搅拌，直到蛋清变成白色泡沫状，关闭电源。）

3. 游戏结束后，打发的蛋清送到娃娃厨房，打蛋器搅拌棒和小盆清洗干净后，将全部材料整齐地放回原位。

◎ 游戏指导：

1. 在提供材料时要保证小盆干燥无水，以免蛋清无法打发。

2. 游戏开始前对幼儿进行安全教育，手指要远离电动打蛋器的搅拌棒，以免受伤。

3. 在搅拌过程中提醒幼儿，搅拌棒尽量不要碰到容器壁，防止食材在搅拌过程中溅出。

4. 清洗时，需要将搅拌头部分拆卸下来进行清洗。主机部分需要用湿布擦干。